经济学通识教育译丛

U0675104

THE ECONOMICS OF MACRO ISSUES
FIFTH EDITION

宏观问题经济学

第五版

罗杰·勒罗伊·米勒 (Roger LeRoy Miller)

丹尼尔·K·本杰明 (Daniel K. Benjamin) /著

李 季 王欣双 方 颢/译

吕 炜/审校

中国人民大学出版社
·北京·

使用说明

应读者要求，我们增加了下表以便于大家将本书的章节安排进课程大纲。

经济学问题	《宏观问题经济学》（第五版）的推荐章节
税收和公共支出	2，13，14，16，17，18，19
失业、通货膨胀和通货紧缩	8，9，11，12，20，21
衡量经济发展状况	2，6，12
经济增长与发展	1，2，3，4，5，10，13
古典主义和凯恩斯主义宏观经济分析	6，8，9，13，14，18
财政政策	13，14，15，16，17，18，19
赤字和公债	13，14，15，16，17，18，19
货币与银行业	11，22，23
货币的产生与存款保险	15，20，21，22，23
货币政策：国内政策与国际政策	20，21，24，27
稳定与全球经济	24，26
国际贸易	1，3，24，25，26
国际金融	27
经济衰退	7，8，9，13

前　言

　　时过境迁，本书亦如是。宏观经济政策又一次在极短时期内发生了巨大的变革。自上次修订本书以后，美国经历了百年来最严峻的经济衰退，财政和货币政策都发生了巨大改变。确实，美国的政府部门——从财政部到政府资助的企业——已经成为大多数美国房地产市场和全国几乎每一家大型商业企业的实际担保人。美联储通过扩大信贷发放规模，已经成为产业政策的权力机构。同时，美国的纳税人明里暗里已经背上了数万亿美元的新债务。自第二次世界大战以来，美国的经济从未经历过这样的变革。

政策变革

　　简言之，经济的发展态势是许多经济学家始料未及的，政府的财政和货币部门已经在制定政策的时候进行了革命性的变革。由于本书是关于当今时代的，这些变革促使我们再次修订了本版《宏观问题经济学》。例如，关于财政政策的整个章节都被删掉重写。我们相信，经过这些修订，本书所探讨的新问题更加关键、更具时效性。我们也希望本版能比前几版有更深入的分析。我们还相信本书能够绝无仅有地呈现出经济事件和政策制定的重要发展。

本版新增内容

　　本版包含的新内容如下：
- 走向地下——地下经济如何保持繁荣？

- 增长面临的威胁——为什么增加税收会影响繁荣？
- GDP 是我们想要的吗？——是否存在比 GDP 更好的测度？
- 大衰退——发生的原因和重要性。
- 刺激对你有影响吗？——为什么一揽子刺激方案是有效的（或者无效）？
- 医疗改革——为何支付更多却获得更少？
- 房利美、房地美和欺骗——被浪费的金钱。
- 一大笔援助——是"大到不能倒"还是大到救不了？
- 养老金危机——未来正在逼近，即将把我们压垮。
- 美联储正助长疯狂——为何货币政策面目全非？

除了彻底替换掉 1/3 以上的内容之外，其余的全部章节也都进行了修订。而且，我们增加了每章结尾的思考题，题量几乎翻了一番，并且令各个层次的学生都能够获得思考的挑战和快乐。简单地说，我们力图使本书能够体现过去几年里美国经济发生的重大变革的各个方面，并向大家展现变革的结果。我们相信本书将会使读者获得前所未有的激励。

教学参考

使用《宏观问题经济学》一书的教师都希望获得《教学参考》，所有使用本书的人均可在线查看教参。教参中的每一章都包括以下内容：

- 本章介绍的经济问题的精髓。
- 对课本中探讨的经济问题的背景进行精要的分析。对于绝大多数案例，教参中都会补充一个或多个图表，这些图表是非常有用的教学工具。
- 本章结尾思考题的答案。这些答案更加深入地分析了这一章的基本经济问题，几乎都能提供新的解决途径。

修订团队

当然，本版修订工作需要大量的幕后劳动，我们有幸找到了最得力的帮手。下面列出了为这次修订做出极大贡献的人员的名字，他们提出了新的研究问题和研究方法，在修订进行的过程中仍不断通过电子邮件向我们提出建议。他们在我们的修订工作中起着不可或缺的作用。

托马斯·伯奇（Thomas Birch），新罕布什尔大学曼彻斯特分校

肯特·M·福特（Kent M. Ford），奥内达加社区学院

约翰·克里格（John Krieg），西华盛顿大学

伊苏安·李（Ihsuan Li），明尼苏达州立大学

西里尔·莫龙（Cyril Morong），圣安东尼奥大学

兰德尔·拉塞尔（Randall Russell），亚瓦佩学院

对于上述各位，我们表示最真诚的感谢。尽管我们未能完全按照他们的意图修订，但是我们相信他们每个人都能够看到自己对本书产生的影响。

制作团队

我们还要感谢亲自参与到制作过程中的各位朋友。K&M 咨询公司的苏·杰森（Sue Jasin）再次提供了专业的打字编辑服务，罗比·本杰明（Robbie Benjamin）对思想表达和阐释的清晰度提出了严格要求。我们还要感谢培生公司的编辑：诺埃尔·塞伯特（Noel Seibert）、卡罗琳·特布什（Carolyn Terbush）、凯瑟琳·蒂诺沃（Kathryn Dinovo），感谢他们对我们工作的鼓励和帮助。

R. L. M.

D. K. B.

目　　录
Contents

第一部分　经济增长的奇迹

第二部分 商业周期、失业和通货膨胀

第三部分　财政政策

第五部分　全球化与国际金融

第一部分

经济增长的奇迹

第1章 穷国、富国

为什么一些国家的人民会变得富有，而一些国家的人民却一直贫穷？你最先想到的答案可能是："因为这些国家的**自然资源禀赋**有差异。"的确，充足的能源、木材、富饶的土地这些禀赋都有助于增加**财富**。但是自然资源只是答案的一小部分，有许多反例可以证明这一点。例如，瑞士和卢森堡几乎没有什么主要的自然资源，但是年复一年，这些国家的人民的实际收入却在快速增长，国家繁荣富强。同样，中国香港只拥有几平方英里的山石坡路，却成为当代经济的奇迹；而俄罗斯拥有大量的几乎所有的重要资源，其国民却陷入贫困之中。

揭开增长之谜

近年来的一些研究逐步揭开了**经济增长**之谜。研究人员多次发现社会的基本政治和法律**制度**对增长有着重要作用。其中，维持政治稳定、保障私有财产安全、建立在**法治**基础之上的法律体系是最重要的因素。这类制度鼓励人们进行长期投资，去改善土地状况，获取各种**有形资本**和**人力资本**。这些投资增加了**资本存量**，而这又为在遥远的未来获得更多增长提供了条件。一段时期的增长不断积累，最终就会提高**生活水平**。

例如，弗吉尼亚大学的保罗·马奥尼（Paul Mahoney）教授就研究了不同的法律体系对经济增长的影响。当今世界许多法律体系都建立在两种模式之上：一种是英国式的普通法体系，另一种是法国式的大陆法体系。普通法体系通过削弱政府的执法和立法机构的作用，有意识地限制政府的作用，而强调司法部门的重要性。与此相反，大陆法体系依赖强大的中央政府，立法和执法部门有权为了特定利益做出偏袒处理。表1—1列举了一些普通法体系和大陆法体系的国家。

3

宏观问题经济学（第五版）

表 1—1 不同的法律体系

普通法体系国家	大陆法体系国家
澳大利亚	巴西
加拿大	埃及
印度	法国
以色列	希腊
新西兰	意大利
英国	墨西哥
美国	瑞典

保障私有财产权的重要性

马奥尼教授发现普通法体系下的国家更重视私有财产权，如英国及其前殖民地国家，包括美国。在法国及其前殖民地国家，大陆法体系更有可能在裁决中发生难以预测的变化，如**财产和契约权利**等。因此人们不愿意在大陆法体系的国家进行长期固定投资，这就会导致增长缓慢，人民的生活水平降低。

原因很简单。如果警察不保护你对房屋或汽车的所有权，你就不愿意获取这些**资产**。同样，如果你不能轻而易举地执行商业合同或雇佣合同，你就不大可能签订这类合同——因此也不大可能生产出那么多产品和服务。而且，如果因为你不知道游戏规则十年后甚至一年后会有什么改变而无法为未来制定计划，你就更不可能制定有效的长期投资计划，因为这些投资需要许多年才能获得效益。普通法体系似乎更能保障合同的执行，确保私有财产的安全，因而会在现在和将来不断推动经济发展，促进经济增长。

马奥尼教授研究了从 1960 年到 20 世纪 90 年代世界各国的经济状况，他发现保护私有财产权的普通法国家的经济增长速度比大陆法国家高出 1/3。在他所研究的这段时期，普通法国家的生活水平（以**实际人均收入**计）比大陆法国家高出 20％。如果这一模式持续一个世纪，保护私有财产权的国家就会在实际人均收入上高出 80％。

其他制度的重要性

经济学家威廉·伊斯特利（William Easterly）和罗斯·莱文（Ross Levine）的视角更加广阔，他们不但考虑时间因素，而且还考虑各种制度的影响，对一些国家经济增长的分析一直追溯到殖民地时期。他们研究政治稳定性、保护个人和私有财产免受暴力或偷窃的侵扰、契约的效力、免于监管负担等制度是如何推动经济持续增长的。他们发现，正是这些重要的制度，而非自然资源禀赋，才能解释经济增长的长期差异，从而解释当今实际收入水平的差异。对比美国和墨西哥就能说明这些制度的重要影响：今天，墨西哥的实际人均收入约为 14 000 美元，而美国的实际人均收入约为 50 000 美元。伊斯特利和莱文得出结论，如果墨西哥的政治和法律制度一直和美国相同，那么今天墨西哥的人均收入就会和美国持平。

当今制度的历史根源

由于制度对长期增长有着至关重要的影响，伊斯特利和莱文继续提出了另一个重要的问题：各国是如何形成今天的政治和法律制度的？答案是与疾病相关。伊斯特利和莱文研究的 72 个国家都曾是欧洲的殖民地，但实行了不同的殖民策略。在澳大利亚、新西兰和北美，殖民者发现那里的地理环境和气候有益健康。他们愿意在这些地方长期定居，因此制定了保护私有财产、限制国家权力的制度。但是，当欧洲人来到非洲和南美洲的时候，他们遇上了热带疾病——疟疾和黄热病等，导致死亡率上升。这就打消了他们长期定居的想法，使他们更愿意获取金属、经济作物和其他资源。因此，没人愿意推行民主制度或稳定的长期私有财产权制度。这些早期的制度差异导致了多年以后经济增长的差异，而这些制度的继续存在又继续影响着这些国家今天的政治和法律特点以及人民的生活水平。

没有私有财产权就没有私有财产

近来的一些事件表明，政治和法律制度的影响可能被极大地加剧了——至少不利的影响会加剧。1980 年津巴布韦脱离英国的殖民统治赢得独立时，是非洲最繁荣的国家之一。罗伯特·穆加贝（Robert Mugabe）担任津巴布韦第一任总统（并未继续连任）之后不久就废除了该国的法律制度，将曾经使其富庶的制度完全推翻。他不再保护土地的私有权，并最终没收了土地私有权。穆加贝还逐渐控制了国家大多数产品和服务的价格。穆加贝政府甚至没收了大量的粮食**库存**和其他可能进出口的有价值的物品。简言之，生产出来的和储存起来的任何物品都被没收，所以生产和储存的愿望就变得不那么强烈了，甚至可能荡然无存。结果，1980—1996 年之间，津巴布韦的实际人均收入减少了 1/3，1996 年以后又下降了 1/3。80％的工人失业，投资销声匿迹，2008 年通货膨胀率达到 231 000 000％——货币系统即将完全垮掉。多年的辛勤劳动和资本投资都被毁掉了，因为促成先前成就的制度已经不复存在。这是我们的前车之鉴。

◀◀ 思考题 ▶▶

1. 假设有两个国家 A 和 B，拥有同样的物质禀赋，例如：铁矿石。但是在 A 国，开采铁矿石的利润会被政府没收；而在 B 国，不存在这种风险。"没收"风险会如何影响两国的经济禀赋？哪一个国家的人民会更富有？

2. 根据对问题 1 的回答，你如何解释这一现象：在一些国家，很多人会支持政府没收一些集团的资源然后交给其他集团的政策？

3. 在美国，在现有的政治和经济制度下，读大学能使一生的薪酬平均增加 2/3。但是，假设由大学教育而产生的额外薪酬突然变得不确定。例如，假设你所在的州通过了一项法律，规定州长可以每年从本州所有大学中选取 10％的毕业班，对毕业生的第一份工作的薪酬和该州高中学历者的平均薪酬之间的差额征收高达 50％的税款。人们会愿意移入还是移出该州？该州的大学入学情况会有什么变化？如果州长可以任意决定谁必须承担新设的税款，这会对州长的竞选产生什么影响？这对州长下届竞选的"志愿者"人数会有什么影响？你对大学教育投资的想法是否会有变化？解释你的回答。

4. 查阅美国中情局各国概况（CIA Factbook）或者世界银行的资料，找出表1—1中列出的各个国家的人均收入和人口数据。比较普通法和大陆法国家的平均人均收入。根据本章讨论的内容，再找出至少两个你认为重要的因素，来分析你所观察到的差异是不是由于这些国家的制度体系不同造成的。

5. 大多数对低收入国家提供的国际援助分为以下两种形式：赠送消费品（例如食物），或者帮助其建设或获取资本货物（例如拖拉机、水坝、公路）。根据你在本章学到的内容，这些援助对长期提高这些国家的生活水平有多大帮助？请解释。

6. 路易斯安那和魁北克的地方（州或省）法律都深受实行大陆法的法国的影响。你能否预测路易斯安那的人均收入和美国其他州相比如何？魁北克的人均收入和加拿大其他省相比如何？你的预测是否能得到事实的证实（这可以在网上很快查到）？再找出至少两个重要因素来分析你所观察到的差异是不是受到大陆法制度的影响。

第 2 章　走向地下

考虑从事下述几种工作的人：

- 某些美国城市中无牌照的出租车司机
- 印度加尔各答市内拉黄包车的苦力
- 乌克兰基辅的街头小贩
- 墨西哥城内街边卖玉米饼的人

尽管这些人说着不同的语言、使用不同的货币，并且拥有不同的技能水平，但是他们有一个共同点——都从事着**地下经济**。他们只通过现金交易，一般来说无论收入高低都不用交税。他们的工作都游离于官方记录之外。关于地下经济的规模，从来没有正式的统计数据，只有国际劳工组织（ILO）、少数政府机构以及对地下经济感兴趣的经济学家对此有一些粗略的估计。

在我们查看有关地下经济规模的数据之前，首先让我们来看一看为什么很多人愿意参与这种"地下的"、"非正式的"经济活动。

非法的经济活动

毋庸置疑，如果你从事的是非法的毒品交易，你的行为在世界上任何一个地方都不可能成为**官方有记录的经济**。你只能使用现金，还要时刻警惕你的非法交易不会被税务官员或其他政府机关追踪到。否则，你将很快面临牢狱之灾。

显然，我们不可能确切掌握究竟有多少地下的非法毒品交易。对该数字的估计值从全球每年 3 000 亿美元的交易额到超过 1 万亿美元不等。过去，100 美元的钞票是毒品贩子们的最爱，但现在他们经常使用的是面值 500 欧元的纸币（约折合 700 美元）。总计 100 万美元的 100 美元纸钞的重量达到了 22 磅——随身携带这么沉的东西很容易遭到盘查；而同等金额面值 500 欧元的纸币仅重 3.2 磅。非法交易中对欧元使用的增加使得**欧洲中央银行**（ECB）受益良多，这是因为相对于货币的

票面价值，制造欧元的成本是微不足道的。

毫无疑问，并非所有的非法交易都涉及毒品。例如，对人体器官的买卖也是各个国家地下经济的一部分。在美国和许多其他国家，购买他人的肾脏是违法行为。尽管如此，一些排队等待肾脏移植的病患有时也会求助于"中介"。这些中介会寻找那些身体健康，并且愿意有偿捐献身体器官的人。这些通常来自异国捐献者的器官价格从 5 000 美元到 25 000 美元（可能更高）不等。这样的交易都是通过现金完成的，从不上报政府机关，也就是说，它们都是地下经济的一部分。

税收会改变一切

抛开毒品和人体器官交易，产生地下经济活动最重要的诱因似乎在于税收。让我们考虑这样的情况，如果你的**边际税率**仅有 15%，你愿意付出多大努力逃避所得税申报？鉴于逃税 1 美元只会为你节省 15 美分，恐怕你不会为此大费周折。而与此相反，如果边际税率达到 40%，或许你会想尽办法逃避收入登记。换句话说，你也许会置身地下经济活动中，至少你会瞒报部分年收入。

因此我们推测，在世界上任何一个国家，边际税率越高，未登记从而不缴税的经济活动在所有经济活动中所占的比重就越高。这一结论只是反映出每个人都会对**差额**动心，并不意味着高边际税率就会导致整个工薪阶层都去寻求灰色收入。实际上，边际税率越高，逃避收入登记的人群比例就会越高。

对比欧洲和美国的情况，我们会发现这一结论的正确性。相比美国，欧洲国家普遍来说对本国公民征收更高的边际税率。而估计结果显示，欧洲国家地下经济占经济总量的规模是美国的两倍之多。在美国，大约 10% 的经济行为属于地下经济，但是这一数字在欧洲超过了 20%。

关于美国，有一件事是毫无疑问的。如果其边际收入税率比 2003—2010 年的水平有所上升，地下经济的比重就会变大。这就从一个方面解释了为什么政府当局认为更高的税率会增加税收收入的观点是完全错误的。这是由于当局没有考虑到更高的边际税率会导致资源向地

宏观问题经济学（第五版）

下经济转移，从而高估了高税率能够带来的税收增长。

劳动力市场法规的作用

在许多欧洲国家，尤其是法国、德国和意大利，解雇一个表现糟糕的工人非常困难，甚至根本不可能。雇主解雇一个工人所需要办理的书面材料和法律程序之烦琐有时超出了人们的想象——至少对美国人来说如此。法国甚至有一套特别的法律体系专门服务于那些被解雇的员工。近些年，雇主们输掉了其中 75％以上的官司。

在这样的环境中，雇主们会做出怎样的反应？很多企业，尤其是小企业会倾向于使用那些愿意接受现金支付并且不签署劳动合同的工人。因此，工人们面临的选择是要么失业，要么接受一份仅有工资而没有保障的工作。不仅如此，在所有**失业救济**可持续数月乃至数年的国家中，失业者更倾向于参与地下经济活动。这是因为如果能够获得无须申报的薪酬，他们就能继续领取失业救济。

2010 年，美国国会将失业救济的最高领取时间提高至两年。由此造成了许多有资格享有该项额外好处的失业者们开始寻找"无须登记的"工作，正如欧洲的失业者们长期所做的那样。法国、意大利和西班牙失业工人们习以为常的生活方式在美国也逐渐普遍起来。

近期通过的其他一些法律条款也使得地下经济在美国变得更有吸引力。这里我们仅讨论 2010 年通过的联邦医疗保险法，这部法案使那些为员工提供医疗保险的企业需要承担更多的监管和成本。如此一来，许多企业就只愿意在不用申报的前提下招聘新的员工，从而避免负担高昂的医疗保险。这会使得申领政府补贴的医疗保险的人数激增，从而使医疗保险法的实施成本较官方先前的估计值大幅提高。（详见第 14 章。）

地下经济的大致规模

在全球范围内，大约有 1/3 的全世界年收入都被隐瞒了。如同先前提到的，美国的估计值大约在 10％，而欧洲国家被认为有 20％的收入产生于未经统计的地下经济。在诸如意大利这样的南欧各国，地下经济占所有经济活动的份额至少有 30% 之多。

当我们将目光转向发展中国家和那些政治极度腐败的国家时，会发现地下经济甚至能达到经济总量的 70% 以上。尽管无法得到明确的数字，但估计结果仍显示，伴随着委内瑞拉从民主政治走向充斥着贪腐的寡头统治，该国的地下经济规模大约增长了两倍。

在世界的任何一个角落，税收、规章制度以及政府腐败都会刺激地下经济的扩张。这是由于上述阻碍自愿交易的因素在地下经济活动中更加容易规避。

"双城记"

1959 年圣劳伦斯航道的竣工使得位于纽约布法罗市的港口遭受了极大冲击。随着日渐稀少的船舶停靠于此，该城的经济越发萧条。大量的居民外出寻找就业机会，城市人口下降了一半以上，布法罗几乎只剩下一个空壳。

现在让我们把目光转向另一个国家里另一座遭受了类似打击的城市。20 世纪 80 年代初，印度阿默达巴德市就拥有了 60 多家纺织工厂和 15 万多工人。除了稳定的工资收入，纺织工人们还能享受诸多福利和养老保险。尽管待遇水平相对于美国同行们而言很低，但在印度，他们的收入已经超过全国平均水平了。然而从 80 年代中期开始，由于中国、越南以及其他发展中国家能够以更低的成本生产出相同的纺织品，阿默达巴德市的许多大公司纷纷减产倒闭。最终只有十家纺织厂得以幸存，超过 10 万名纺织工人丢掉了饭碗。

当行业衰退向布法罗袭来时，美国国内经济、地理及社会的高度流动性使得布法罗的失业工人们能够在其他地方重新找到工作，往往是在远离布法罗的地方。当他们离开时，往往是人去楼空，只剩下衰败的城市。而在印度，流动性远不及美国。因此，当大量企业倒闭时，人们或许会认为高失业率将像瘟疫一样在阿默达巴德肆虐，严重时甚至会爆发骚乱。然而事实上，阿默达巴德却在蓬勃发展——这全部要归功于地下经济。

那些过去的纺织工人们告别了先前的工作，但他们却没有离开家乡，而是参与到阿默达巴德的地下经济活动中。城中现在有超过7万的街头个体商贩，接近5万的废品回收人员——现在你该明白了吧。阿默达巴德的非正式经济使城市得以保持活力，阻止了城镇衰退和高水平的失业率。当然，这些非正式的地下经济中的个体户们所做的工作既不体面，也没有很高的工资。当地的市政专员高坦（I. P. Gautam）承认，现在的人均收入要低于过去，"但是人们还是获得了黄油和面包"。实际上，正是依靠着地下经济，阿默达巴德才能在2007—2009年的全球衰退中幸存。

对未来的启示

我们从两个城市的故事中得到的结论并不是要说明布法罗的失业工人们应当走上街头当个体小贩。相反，我们推断，尤其是在发展中国家，繁荣的地下经济可以积累原本难以聚集的**财富**。即使是在发达国家，有了地下经济活动后所产生的财富也远比它们不存在时要多。

如果发达国家继续征收较高的个人边际所得税，并且在劳动力市场推行实施成本很高的管理制度，一个不可避免的结果就是更多的工作会游离于政府的统计之外。尽管未经申报（或者不缴税），这些工作仍然能够创造财富。并且对于从事此类工作的人们来说，这也是他们最好的选择。

我们并不是在强调通过从事地下经济活动逃避缴税是可取的。但另一方面，如果没有地下经济，一些（也许是很多）被排挤出正式经济的工人们只能无奈地接受一份薪水更低的工作或者失业。当然，非正式经济也有很多弊端。工人们几乎没有什么权利，在受到雇主的虐待时也很难向法庭求助。不仅如此，他们通常都没有额外的福利，工作也是没有保障的。然而，无论使用的是哪种语言和哪种货币，对世界上很多人来说，地下经济活动仍是最好的选择。

◀◀ 思考题 ▶▶

1. 一国的地下经济规模和该国的边际收入税率之间有什么样的关联？

2. 如果现行法律使得解雇一个不称职的员工变得异常困难且成本昂贵，企业主们会如何应对？这样的法规真的能够提高就业率吗？

3. 在参与地下经济活动的原因中，参与非法交易和为减少收入中的缴税部分之间是否有区别？如果有，区别是什么？

4. 你是否认为，一个国家的政府如果极其腐败，地下经济的规模占经济总量的比重就更高？你觉得哪些活动能够成为地下经济的一部分？

5. 有没有这样一种可能，你希望自己的薪水是经过"税款申报的"，但你的老板却希望能够"不申报"而现金结算。如果这种情况真的发生，你们将如何解决这一分歧？

6. 当你自愿通过自己的劳动换取报税后的薪酬时，你是否会比不找工作时过得更差？如果你的工资不报税呢？

宏观问题经济学（第五版）

第3章　业务外包与经济增长

　　一位声名显赫的财经评论员始终保留着一份将工作机会转移到海外的企业"黑名单"。只要一有机会，他就会对**业务外包**行为进行批评，在他看来，这样的行为毫无疑问是不爱国的。最近，一位民主党总统候选人为那些推行将电话营销、客户服务以及其他白领工作向海外转包的公司高管们起了个名字："本尼迪克特·阿诺德（Benedict Arnold）式的CEO"。

　　国会甚至曾尝试推动一项法案，旨在禁止国务院和国防部采取任何形式的服务外包。伊利诺伊州的共和党议员唐·曼祖罗（Don Manzullo）就说："我们不能再这样不断将各项工作向海外转包，这会使我们丢掉战略军事基础。国会不能眼睁睁地看着工作流失而什么都不做。"当一位总统顾问公开表示海外服务外包并不是个坏主意时，很多政治家纷纷痛斥他的言论，即使是"业务外包也有积极的一面"这样的观点也是不能接受的。

"业务外包"到底是什么？

　　业务外包的概念很简单：美国的公司雇用外国工人而非本国员工去完成相同的工作。例如，有些海外员工位于印度，他们在客户服务中心为购买电脑的客户解答技术性问题。另一种由海外雇员们出色完成（而且成本很低）的工作是软件开发与调试。由于通信成本很低，尤其是借助于网络，软件开发员们能够在世界的任何一个角落为美国的公司工作。

　　除了担心业务外包会"掠夺美国人的工作机会"外，许多人还认为业务外包会降低美国的**经济增长**（想来，这一定意味着业务外包增加了其他国家的经济增长，比如印度）。由于业务外包是国际贸易和服务中的一部分，真正的问题在于：限制美国公司"将工作机会送到海外"是否能够提高美国的经济增长率？

　　在我们探究这个问题的答案之前，我们必须牢记一个事实：业务外包不过是向其他国家的居民购买他们的劳动服务。当底特律红翼队在主场迎战温哥华卡纳克队时，球迷们就在进行服务外包：他们购买了来自加拿大的劳动服务。从这个意义上来说，加拿大的冰球运动员与印度软件工程师没有区别；他们都是外国居民，与美国公民在劳动服务供给上展开竞争。很重要的一点在于，业务外包与国际贸易中的其他任何形式没有区别。

经济增长与业务外包之间的关联

国际贸易已经持续了近千年。也就是说，无论听起来多么新潮，业务外包的本质绝非什么新鲜事物。毕竟，国家间的劳务交易也是国际贸易的一部分。不管怎么说，如果我们限制任何形式的国际劳务贸易，就意味着我们在一般意义上限制了国际贸易。如今，研究经济增长的专家们早已证明了经济体的开放程度是其经济增长率高低的一个决定因素。任何限制业务外包的行为都是**一种贸易壁垒**，会削减我们从国际贸易中获得的收益。

从历史数据来看，经济增长和贸易壁垒之间有着明显的关联。图3—1 显示了经济体的开放程度——贸易壁垒的多少——与经济增长率之间的关系。图中的横轴是贸易壁垒指数，美国的数值是 100。纵轴上显示的是年**人均收入**增长百分率。

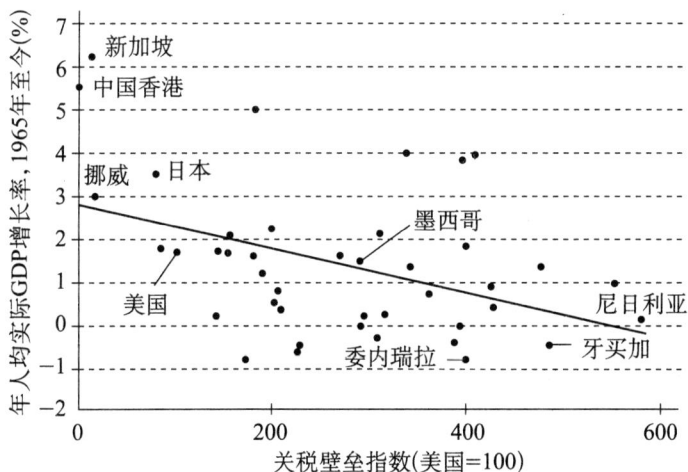

图3—1 经济增长和贸易壁垒之间的关系

图中，贸易壁垒较少的国家或地区显然有着更高的经济增长率。历史经验是非常清晰的：国际贸易促进了经济增长，经济增长会提高社会福利。政府限制业务外包的行为会抑制国际贸易，从而会使美国人走向贫困而不是富裕。

美国会变成第三世界国家吗？

抛开刚才列举的数据，前里根政府财政部官员保罗·克雷格·罗伯茨（Paul Craig Roberts）曾在布鲁金斯学会上宣称，"美国会在二十年内变成一个第三世界国家"。他的预测基于这样的观点：整个高收入服务行业的雇员群体最终都将面临来自全世界的、工资更低却业务熟练的工人们的竞争。他认为在诸如软件开发员、放射科医生这样的领域中，美国将不具有竞争力。因此，他估计，由于服务行业向印度和中国转包业务，美国将损失数以百万的白领就业机会。

耶鲁管理学院前任院长杰弗里·E·加滕（Jeffery E. Garten）重申并扩展了这一预测。他坚信工作机会向海外的转移将在一代又一代人中不断加速。在他看来，从中国到捷克共和国，"勤奋并且受过教育、收入却只有美国工人一小部分的劳动力供给几乎是无穷无尽的"。与之类似，芯片制造商英特尔的前任董事长克雷格·巴雷特（Craig Barrett）认为，如今美国工人面临着"3亿来自印度、中国、俄罗斯的劳动者的竞争，他们受过良好的教育，并能够胜任所有美国人能够完成的工作"。

有一些评论家还认为，到2015年，仅印度就可以从美国劳动力市场吸走400万个工作机会。更有甚者坚信，这一数字将远超过1亿。如果这一切发生，可以预见，美国的软件研发人员和客服中心的技术人员都要搬家去印度了！

一些被忽略的事实

许多关于业务外包的讨论都忽略了两个基本事实，而如果我们要思考未来会发生什么，这两个问题将会变得举足轻重。

1. 业务外包是其他国家贸易自由化的结果

经过数十年的隔绝之后，中国、印度和东欧国家开始向国际贸易开放本国市场。正如当一国政府允许本国公民参与国际贸易时会发生的那样，这些国家极力刺激出口——既包括劳务也包括商品。但这不会是长期均衡的策略，这是因为生产出口商品和提供劳动服务的工人工作的目的在于成为消费者。很快，这些劳动者会将辛苦赚来的收入花费在产品和服务上，而其中有许多都是进口的，在一些地方已经可以看到这样的现象。因此，现在向这些国家转包就业机会最终会导致向它们出口大量的产品和服务。

2. 价格会不断变化使市场达到均衡

劳动供给曲线是向上倾斜的。因此，在美国公司雇用外国员工（无论是直接外包还是通过进口货物间接利用）的同时，外国市场的工资水平势必水涨船高。比如在印度，从 2003 年到 2010 年，劳动服务外包企业的工资成本就上涨了 50% 以上。在经过了一段较长的时间后，中国南部地区（这里要比印度更早开放贸易）的工资水平比 20 年前提高了六倍。支付这样的高工资显然会降低企业的竞争力。不仅如此，在调整的不只是工资，国际货币的相对价值也在变化。从 2003 年到 2007 年，美元贬值超过 25%，这使得美国市场上的进口产品（和服务）变得更贵，而美国的产品和服务在外国市场上更具吸引力。

当然，调整不是瞬间完成的，这种调整发生在许多美国企业将产出和就业机会向海外转移的过程中。因此，一部分美国工人只能被迫接受更低工资的工作，甚至还要伴随着一段时间的失业。在所有价格调整发生之前，这种短期的冲击有多大呢？根据美国劳工部的统计，在近期有代表性的一年里，由于业务外包导致的工作机会流失不过数以千计而已——而劳动力总人口超过 1.55 亿。所以，如果你是一名美国的软件开发员，你不用担心你得收拾行李前往孟买，至少近期不必。

外国公司业务内包

不是只有美国公司开展业务外包活动，许多外国公司也在做着同样的事情。当一个外国企业向美国外包业务时，我们称之为**业务内包**。例如，墨西哥的公司一贯将数据发给美国的会计师事务所，委托其计算工资并更新财务报表。许多外国医院聘请我们的放射科医生为他们诊断 X 光片和核磁共振成像。外国公司还雇用美国公司提供其他服务，其中很多都涉及咨询业务。还有，如果一家外国的汽车制造商在美国新建一家装配厂，这就是在向美国工人外包汽车装配业务。因此，那些在南卡罗来纳州的宝马、亚拉巴马州的梅赛德斯-奔驰和田纳西州的丰田、本田工厂里上班的工人们都是这些外国公司向美国外包就业机会的受益者。实际上，在全国乃至全球范围内，上亿的雇员是在为"外国"公司工作——尽管企业的国籍在如今跨国公司广设分支机构的情况下难以言明。

长期来看最重要的是什么？

如果你拥有小镇上唯一一家杂货店，你显然会因为一家有竞争力的商店开在马路对面而遭受损失。如果你在一个推销电话设备的小商店工作，当大公司开始通过网络销售时，你的境况显然会变糟。如果你之前受雇于沃尔玛的呼叫中心做客户服务工作，因为公司将该业务外包给了一家印度公司而丢掉了工作，你将不得不重新找一份工作。

这种类型的收入"损失"或工作"损失"伴随着贸易的出现而产生，并且会存在于任何有活力的经济体中。实际上，如果我们从整体上回顾美国经济，最典型的一年，每周都有约 100 万工人失业，而找到工作的人数要略高于 100 万。所以总的来说，美国的就业人数是持续增长的，即使平均来说每人每三年会换一次工作——毫无疑问，有一部分原因是国际竞争。但是这样的工作转换是劳动力市场的重要一环，并将不断调整以适应经济的变化。这同时也是一个经济体健康而非病态的象征。如果你觉得这难以理解，你可以看一看西方或者东方国家的情况。在日本，"保护"工人们免受国际贸易冲击的努力最终导致经济停滞，并造成了在过去二十年中实际工资水平在低位徘徊。在欧洲，类似的"保护"现有工人工作的尝试使得失业率越来越高而不是越来越低，这是由于企业不愿意招聘那些日后不能解雇的员工。

在某个特定年份里，工作机会随着经济的衰退而增减是很正常的，就像在最近的一次危机中那样。具体来说，在经济衰退的早期，每周都会有更多的人丢掉工作，而能够找到工作的人越来越少，失业率在短期也会越来越高。但国际贸易并不是导致美国衰退的原因（限制国际贸易的举措反而会使经济衰退雪上加霜，20 世纪 30 年代已发生过这种情况）。恰恰相反，国际贸易是经济繁荣的重要源泉。

如果你仍然感到困惑，只需要看一下图 3—1。历史和经济学的道理都很清楚：贸易会创造**财富**，无论交易是发生在个人之间、各个州之间还是国家之间。实际上，劳务外包不过是产品和服务的国际贸易不断增长这一全球趋势中的一部分。当国际贸易扩展时——假设政治家和当局允许这种扩张——其必将为美国和世界上许多其他国家带来更高的经济增长率和更高的收入水平。美国的工人们将一如既往继续享受这种增长带来的好处。

◀◀ 思考题 ▶▶

1. 美国 50 个州的服务业工作者之间的竞争和全球范围内的服务业工作者之间的竞争如果存在区别，那会是什么？

2. 当宝马公司决定在美国新建一座工厂时，谁将因此受益？谁会受损？

3. IBM 最近宣称，希望通过向海外转移数千个高薪酬的编程工作岗位为公司每年节省 1.7 亿美元。试解释 IBM 为什么会这样做，然后论述这一业务外包所产生的短期和长期影响。

4. 一些在 20 世纪 90 年代将客户服务中心业务外包到海外的公司在过去十年将这些中心又迁回了美国南部。谁会因为客服中心回归美洲大陆而收益？谁又会受损？试阐述。

5. 总部位于德国的汽车制造商宝马公司在南卡罗来纳州生产 X 系列的 SUV 轿车，并将其中的很大一部分销往中国。谁在向谁外包业务？试阐述。

6. 业务外包和国际贸易有什么区别？

第4章 贫穷、资本主义和增长

50年前，世界上接近半数的人口生活在贫困中；如今，这一比例大约是17%。事实上，相比50年前，尽管世界人口总数已经翻倍，生活在贫困线以下的人口还是变少了。抛开世界上各个国家发生的不同程度的人道主义灾难不谈，经济繁荣毫无疑问取得了重大进展。

历史的趋势

刚刚过去的半个世纪在250年漫长的历史中只是一小部分。18世纪中期，90%的世界人口生活在**绝对贫困**状态，按现在的价格水平测量，每人每天的生活支出还不到一美元。实际上，在人类历史的大部分时间里，绝对贫困——包括匮乏的食物和简陋的居住环境——对任何地方的任何人来说都是一种常态。18世纪随着**工业革命**，机械化代替了以前人力、畜力所做的工作，这一现象才开始有所改变。早期蒸汽机的发明与应用刺激了工业革命，工业革命带来了交通、化学、生物、制造工艺、通信和电子技术创新的井喷式发展。发明和创新的持续在世界上的很多地方并没有取得进展，但是它所到之处都显著提高了当地的**实际人均收入**，也减少了贫困。到1820年，绝对贫困的范围已经从90%降低到了80%；1900年，更是降到了70%以下；从那以后，这一数据持续下降。在工业革命之前，超过5/6的人生活在绝对贫困状态；现如今，仅有1/6的人而已。

失衡的发展

人类的发展在不同的国家是不均衡的。在欧洲、北美和其他一些地区，实际人均收入猛增，贫困人口锐减。与之相反，非洲许多国家的**生活水平和贫困程度**在过去250年中几乎没有变化。即使是在同一个国家，发展的进程也是不规则的。比如，90年前，阿根廷的生活水平在世界上能够排到第六位，而今天排名仅为第 70 名。与之相反，30 年前，2.5 亿中国人生活在绝对贫困之中；从那之后，这一数字被削减了9/10。

第 1 章介绍了能够决定**人均收入**水平的关键性制度因素。有保障的**财产和契约权利**以及**法治**都是能促进工业革命繁荣发展的**制度**。在建立起这些制度的国家，公众才最有可能过上繁荣的生活。这些相同的制度都是与市场经济密切相关的，市场经济指的是主要（尽管不是完全）依靠市场分配稀缺**资源**的经济体系。当然，世界上没有一个国家是完全的市场经济。例如，在美国，接近 2/3 的资源是由私营部门完成配置的，剩下的那一部分则通过联邦、州政府及市政当局分配。

尽管存在一定的歧义，我们仍然可以度量世界上任意一个国家或地区资本主义的程度（或者，有人称之为经济自由度）。我们得到的估计值与大多数人所预期的各个国家或地区的经济情况是一致的。例如，根据加拿大弗雷泽研究所的测算，资本主义化国家排名，美国位列第六。新加坡、瑞士、新西兰、加拿大、英国和澳大利亚均在世界上位列前十。如果你对各国的经济水平有一定的认识，你会意识到这些国家在实际人均收入方面同样是领跑者。实际上，资本主义与经济繁荣之间的联系在世界上任何一个国家或地区都是紧密的。

资本主义与经济繁荣

为了方便起见，我们将世界上的所有国家分为五类，从"资本主义化程度最高"的国家到"资本主义化程度最低"的国家。由于数据有限，我们无法分析每个国家的情况，但是对大约 140 个国家进行研究还是可行的，我们在这里将它们分为四类，每一类当中有 35 个国家。在35 个"资本主义化程度最高"的国家中，除了我们之前提到的那几个国家，还包括很多（但不是全部！）**欧盟**（EU）的创始成员国，以及智利、哥斯达黎加和日本。在另一端，乌克兰、阿尔及利亚、委内瑞拉和津巴布韦都属于"资本主义化程度最低"的国家。

正如我们先前所说的，生活在资本主义化程度最高的国家的人们也往往拥有最高的平均收入。比如说，第一类 35 个资本主义化程度最高的国家中年人均收入超过 3.1 万美元。第二类中年人均收入约为 1.4 万美元。而第四类中，年人均收入就降到了 3 900 美元。并且由于资本主义化程度高的国家经济增长率也更高，所以不同层次国家的收入差距会随着时间的推移越来越大。①

当然，本章探讨的是有关贫困的问题，一个国家的平均收入水平与该国最底层居民的收入水平关系并不大。很多人认为，资本主义国家过度鼓吹竞争性行为会令那些缺乏竞争力的人的处境变得比在非资本主义国家更为悲惨。如果在资本主义国家，富者愈富、贫者愈贫，那么即使中间阶层还算得上小康，处在收入分布底层的人们的境况就令人担忧了。但实际情况是，在资本主义国家中穷人们的境况没有变得更差，而是变得更好了。

资本主义与贫困

我们来看一看 35 个资本主义化程度最高的国家，平均来说，最穷的 10% 的人口获得了大约 2.5% 的国民总收入。实际上，如果考察所有的国家，我们会发现，尽管各个国家千差万别，但最穷的 10% 的人口收入占总收入的比重都位于 2%～2.5% 之间。也就是说，平均来看，资本主义没有降低收入分配最底层居民的份额。无论是资本主义还是共产主义，也无论是在非洲还是在美国，一国最贫困的 10% 的居民人均收入大约占该国中产阶级人均收入的 1/4。

如果你还记得先前提到的关于平均收入和资本主义的数据，你应该会对我们的下一个话题有所认识：由于资本主义在不降低穷人们获得的收入份额的情况下，提高了一个国家的总收入水平，因而收入分配中任何层次的个人收入都提高了。因此你会看到，对于资本主义国家 10% 最贫困的人口来说，每年人均收入大约是 8 700 美元（对一个四口之家来说，年家庭收入略低于 35 000 美元）。对于资本主义化程度最低的国家中 10% 最底层的人民来说，年人均收入小于 950 美元（四口之家的

---

① 对收入水平的比较依据的是**购买力平价**（PPP），这是一般公认的在比较不同收入水平和消费束时最准确的方法。

年家庭收入约为 3 800 美元）。换句话说，资本主义化程度最高的国家中的穷人获得的平均收入比资本主义化程度最低的国家中的穷人高出 8 倍。

很多体现生活质量的其他统计信息都说明，资本主义国家的穷人们拥有更高的生活水平。比如，35 个资本主义化程度最高的国家人均寿命是 79 岁；而资本主义化程度最低的国家这一数据为 58 岁。类似地，后者的婴儿夭折率也要比前者高出 8 倍。更进一步来看，由于不论在穷国或者富国，处于收入分配最顶层的居民都能获得足够的医疗救护，预期寿命与婴儿死亡率的差别主要来自收入分配底层的居民。与非资本主义国家相比，资本主义国家的穷人们寿命更长，他们的孩子也更容易存活。

另一个资本主义与非资本主义国家间引人注目的不同点在于，未来会发生什么。在世界上 35 个资本主义化程度最高的国家，只有不到 1‰的 15 岁以下儿童不在学校读书而是外出工作。而在资本主义化程度最低的国家，15 岁以下的儿童中，每六个人中就有一个在工作而不是在校求学——几乎要比前者高出 20 倍。所以，在资本主义国家，孩子们更有可能接受必备的教育以掌握将来所需要的技能。这意味着资本主义国家的**经济增长**很可能会比非资本主义国家更高，而这正是我们所观测到的。35 个资本主义化程度最高的国家人均收入的平均增长率大约为每年 2.3％，这足以在 30 年内使得所有阶层的收入翻倍。相比之下，资本主义化程度最低的国家人均收入却在下降，表明现在的穷人会在未来变得更加贫穷。

数字之外

为避免过多纠缠于数字之中，我们来进行一些直接的对比会很有用处。让我们来看一看韩国与朝鲜这两个第二次世界大战后支离破碎的经济体，它们在朝鲜战争中打得不可开交，但是当战争结束时，韩国选择了资本主义，建立起一个法治的、保障财产权以及以市场作为分配稀缺资源的主要方式的经济体制。朝鲜则拒绝这一切，坚持高度集权的社会主义制度，并实行计划经济控制资源分配。如今，韩国人均年收入达到了 28 000 美元，已然成为世界经济的发电站。而朝鲜一直停滞不前，人均年收入徘徊在 1 800 美元上下，不得不依赖国际援助以满足居民的基本生存需要。

再看一看民主德国与联邦德国从第二次世界大战后到 1989 年柏林墙倒塌这段时间内的表现，你会发现同样的故事在上演。联邦德国采取了以市场为核心的资本主义核心原则，并走向了繁荣。民主德国舍弃这一原则，本国居民也一直在贫困中挣扎。

◀◀ 思考题 ▶▶

1. 本章对收入的度量并不包括低收入群体经常获得的非现金福利，例如食品券和医疗救助等。你认为富国的穷人和穷国的穷人谁更有可能获得这种非现金福利？请解释。提示：随着收入的提高，人们是否会变得更有慈善心？然后再想想，富国和穷国的非现金福利差异将如何影响资本主义国家和非资本主义国家穷人的收入？请再解释这一问题。

2. 采取法治（即法律面前人人平等）的政治体系如何能够最有力地保障收入分配最底层的居民？

3. 考虑到第 1 章的分析与本章的内容，发达国家的人们可能用哪些方式来帮助发展中国家居民提高收入水平？试解释，如果可能，请举出具体例子。

4. 如果资本主义更能够带来经济繁荣，为什么有些国家仍不愿尝试它呢？

5. 在过去许多年里，美国在资本主义国家排名中有所下降。在你阅读本书的其余章节时，列出你认为可能导致美国排名下降的原因。

6. 根据美国中情局各国概况（CIA Factbook）的资料，刚果民主共和国是世界上最穷的国家。你觉得该国在资本主义化程度的排名中大概会在什么位置？登录弗雷泽研究所的网站（www.fraserinstitute.org），看看刚果民主共和国在该机构经济自由度中的排名，检验你的判断正确与否。

第 5 章　增长面临的威胁

　　政府支出已经达到了美国历史上前所未有的高度。举例来说，联邦政府每年要整整花掉国内生产总值（GDP）的 1/4。州政府与地方政府加起来差不多也要花掉同样的份额，地方政府支出占 GDP 的比重大约是 10%，而州政府支出约为 12.5%。近几年，州政府与地方政府支出创下了美国历史上的新高。只有第二次世界大战期间，联邦政府支出占 GDP 的比重短时期内与今天相当。紧急援助贷款、美军战略救援行动（TRAPs）、财政补贴、政府津贴、日益增长的养老金、需要政府补贴的医疗保险以及发生在亚洲的两场地面战争（伊拉克战争和阿富汗战争）夹杂在一起，形成了刺激政府在各个层面提高支出的"完美风暴"。

总体概述

　　"那又怎么样呢"，你也许会这么说。如果政府不去花这笔钱，可能其他人也会去花。实际上，当政府支出变多，不论最终花费在什么领域，这些支出的来源只有一个。这个来源就是你和所有每年在美国获得收入的其他人。在短期，如同个人可以借债一样，国家也能这么做，这种行为被称作**预算赤字**。然而，借款的能力并不会改变我们社会的基本**预算限制**。今天的消费必须在现在或者未来偿还。并且，如果是政府增大开销，今天的高支出最终必然会导致高税收。因此，今天的高支出意味着，你和所有在美国获得收入的其他人需要承担更高的税率（以及更低的个人消费）。

　　现在，如果更高的税率只是表明彼得的消费能力下降而保罗却在上升，这一章也许就不值得写下去了。但是彼得的收入并不像一份作为惊喜的生日礼物那样来得轻松。与之相反，彼得的收入是他艰苦劳动、投资与不断创新才换来的。当税率上调时，纳税人参与到这些活动中的**激励**就会减弱——这意味着现在和将来的经济增长率就会下降，财富也会随之减少。

激励至关重要

在前面几章，我们已经看到了保障财产权利和建立法治环境在促进经济增长的过程中有多么重要。这些制度能够使个人确信可以保留自己的劳动果实。这样人们才会努力工作、为未来进行投资，并且努力创新。因为这些行为能够提高收入和经济增长水平，从长远看更可能带来经济繁荣。但是不要忘了最关键的一环，人们之所以工作、投资和创新是因为他们坚信他们的付出会获得回报。如果这种回报不属于他们——比如说，由于税收占收入的比例太高——工作、投资与创新的激励就会锐减，从而经济增长乃至社会财富都会下降。

来自欧洲的数据可以说明税收如何影响对工作的激励。研究者发现，在欧洲，税收增长 12 个百分点会使一个普通成年人每年减少 120 个小时的劳动时间——大约相当于四周的工作时长。这样的税收变化同时也会削减愿意工作的人数，并导致很多人加入**地下经济**活动（参见第 2 章），或者将时间和精力用于**逃税**。总之，高税率会降低产出、提高失业率，减少现在和将来的社会财富。

税收同样会影响对投资的激励。一个极佳的例子是爱尔兰，其经济发展在 20 世纪 80 年代惨不忍睹，爱尔兰公民在当时是整个**欧盟**（EU）中最贫困的。到 90 年代，爱尔兰将公司**利润**税大幅削减至 12.5%，这一比重是欧洲最低的，而且只有美国 35% 的公司税的 1/3。从 2004 年，爱尔兰政府开始对那些从事研发投资的企业提供 20% 的税收减免，这使得那些高科技企业可以通过在爱尔兰建厂和扩大规模来降低税率。几乎从那时开始，爱尔兰就像磁铁一样吸引着新兴投资和那些不愿上缴 1/3 强利润的成功企业。

低公司税率与研发投资的税收减免吸引了数百家跨国公司在爱尔兰开展业务。它们创造了几十万个新增工作机会（对于一个总共只有 400 万居民的国家），爱尔兰也因此成为了欧盟 15 个创始成员国中对企业最具研发投资吸引力的国家。对爱尔兰人民来说，他们的人均收入从欧盟最低一跃成为最高的几个国家之一。[①]

创新是根本

所有经济学家都赞成这一点：创新是经济增长的必备基础。请注意这里我们说的是"创新"而不是"创造"。后者是指提出一个新概念——但是很多新概念最后都不了了之。而创新是指将一个新的概念成功转化为商业、科技或者工艺上的实际应用。尽管创新往往包含着创造，但这并非必然。一个简单的例子足以说明这个道理。

很多人认为是托马斯·爱迪生（Thomas Edison）在 1880 年发明了白炽灯。但实际上，第一个可以算作白炽灯的灯泡是由汉弗莱·戴维爵士（Sir Humphry Davy）在 1802 年发明的；而 1875 年两个加拿大人发明的灯泡曾被授予专利，这一灯泡与爱迪生后来的产品十分相似。在爱迪生独立发明了白炽灯之后不久，他以 5 000 美元的价格（按今天的价格计算超过了 100 万美元）从加拿大人手中将专利权买了过来——然后开始在美国乃至世界范围内推广室内照明设备的应用。白炽灯是一个新的创造，而创新指的是成功地将这一发明进行商业应用，这一活动包括电力生产与输送，当然也包括大范围的灯泡销售。对英国、加拿大或者新泽西的实验室来说，灯泡只不过是一个好的发明，但是当它点亮了千家万户，它就促进了世界的财富积累和经济的持续增长。以至现在，我们仍从中受益。

创新与财富

史蒂夫·乔布斯（Steve Jobs，苹果）并没有发明半导体，比尔·盖茨（Bill Gates，微软）也没有发明计算机操作系统，奥普拉·温弗里（Oprah Winfrey，《奥普拉脱口秀》）不是脱口秀的创始人，马克·朱克曼（Mark Zuckerman，脸谱网）更没有发明社交网络，但是他们

---

① 但不幸的是，爱尔兰政府决定将这样的高收入中很大一部分用于扶植管理不善的爱尔兰银行，后者在最近的这次危机中过度投资于商业和住宅类地产。

每一个人作为相应领域的创新者都已经是亿万富翁。毫无疑问，他们每个人都有很多新奇的想法，但是他们与其他你从未听说过的发明家有所不同，那就是，上述名单中的人能够将自己及别人的想法应用于创造巨大的商业成就。在这一过程中，他们都变得富有。但从我们的角度看，更重要的意义在于，通过创造满足人们需求的产品，所有这些人都有力地推动了世界上数百万其他人创造财富。

实际上，如果我们更仔细地看一看这个世界，我们会发现创新是我们大部分财富的来源。纵观历史长河，无论是 6 000 年前首先对玉米的前身进行基因改良的墨西哥农民，还是将半导体转换为计算器、商业电脑和激光打印机的比尔·休伊特（Bill Hewlett）和戴维·帕卡德（David Packard），他们创造的新产品都令我们能够有别于地球上的其他生物。尽管那些数千年前久已作古的玉米种植者可能并不富裕，但是正因为有了他们的创新，今天世界上那些最富有的人才能够拥有这样的财富。

即使是对世界上少数最富有的人来说，创新对于创造繁荣也总是意义重大。尽管财富可以代代相传，但当我们观察个人的生活水平时，会发现很少有人的生活状况是由他们从祖先那里继承的遗产所决定的。事实上，人们的生活状况是由他们自己获得的收入确定的。这些收入主要来自他们在工作过程中获得的报酬。[①] 并且最常见的情况是，非常高的劳动生产率是那些富有效率的人们创新活动的结果。

税收与创新

毫无疑问，很多事情会激励人们，包括对大大小小的创新者也是如此。其中一个很可能存在的激励因素是经济上的成功（我们之所以这样说，是因为大量证据表明经济上的成功对几乎所有阶层的人们来说都是一种动力）。这一概念让我们重新回到前面的税收话题上。和其他人相

---

① 当然，我们的确会从父母那里获得很大一笔非物质财富，如智力和工作习惯，这些会在很大程度上决定我们能够创造的价值，进而影响我们的生活水平。当我们看一下职业体育领域，就会发现生产率的重要性显而易见，因为在这里报酬是由那些容易度量生产率的标准（比如触地得分、全垒打、篮板球等）所决定的。

同，创新者只能获得**税后收入**，也就是在扣除了各种政府机构征税之后获得的收入。这些税收的种类繁多：所得税、销售税、财产税等等。但是不论是何种形式，也不论是哪一级政府征税，更高的税收都意味着更低的税后收入，从而也就表明激励在减少。或许最重要的是这种激励的下降会削弱创新的动力。与此同时，更高的税收也会减少投资的激励（因为税收削弱了投资的税后收入），甚至会影响工作的热情——因为更高的税率意味着更低的税后劳动收入。

有一个简单的方法能够用来考虑税收对行为的影响。假设我们打算提高对职业运动员的税收水平。回忆上文，那些收入最高的人往往是劳动生产率最高的。几乎可以肯定，提高税收后，承受税收负担最重的是那些收入最高的人——也就是那些生产效率最高的人。最好的跑垒员、最佳的篮板手、最棒的击球员以及最优秀的传球手的税收增幅会最高。这可能会导致什么结果？他们的总体表现会受到损害。运动员在休赛期不会花太多时间练习，每年他们用于训练的时间也会减少，更不大可能费大力气去研究他们的对手，等等。结果将是比赛质量的下降，体育迷们的乐趣也会变少。无论怎样衡量，产出都将下降。当然，很多运动员受到自尊心与内在竞争欲的驱使，仍会充满动力，但是经济报酬所能提供的额外激励却不复存在了——运动员的成绩也会因此下降。

同样，无论是针对工作、投资或者创新进行征税，当税收提高时，对激励的破坏就一定会发生。只要收入主要由绩效决定（证据表明的确如此），提高税收就会降低人们参与这些活动的动力，而正是这些活动造就了经济增长，也增加了我们的财富。就像在体育领域一样，无论怎么衡量，最终人们的绩效和产出都会下降。

与今天的关联

本章开篇谈到政府支出达到了有史以来的最高水平。由于这种支出的最终来源是税收，我们可以预计对经济增长与繁荣的威胁来自高额的政府支出。这种支出的结果必将是更高的税率，更高的税率又会削弱对人们工作、投资与创新的激励。这样就意味着更低的经济增长、更少的收入和财富。我们未来的生活水平将会因政府今天的开支而下降。

宏观问题经济学（第五版）

约半个世纪之前，约翰·F·肯尼迪（John F. Kennedy）总统曾经说过："一个受损于严酷税收政策的经济体永远不可能募集足够的税收以平衡财政，同时也不可能创造足够的就业机会和利润。"不幸的是，今天的政治家们似乎没有理解这句话的含义。

◀◀ 思考题 ▶▶

1. 奥巴马（Obama）总统竞选时的口号是要为 95％的美国工薪阶层减税。这样的竞选宣言为什么很难付诸实践？

2. 很多欧洲国家征收**财产税**。征税的基数通常是个人所拥有的一切减去其所有负债（个人资产与负债之差叫做**净值**）。假设你所在的国家刚刚要求缴纳财产税，这种税收会如何影响你积累财富的动力？又会如何影响你努力工作的动力？

3. 解释为何对个人和企业的激励很大程度上要受**边际税率**（也就是每多获得一份收入所需要缴纳的税额）的影响？

4. 50 年前，美国的高收入人群每多收入一美元就要支付 91 美分的联邦个人所得税。如果你发现你需要承受 91％的边际税率，你找寻**税收漏洞逃避联邦税义务**的动力会有多大？如果你处于联邦个人所得税税率级数的最底层，比如说 15％（每一美元的额外收入需要缴税 15 美分），你的逃税动力会和前面一样大吗？解释原因。

5. 假设未来十年所得税会显著提高，税收刚刚提高之后，以及随着时间的推移所有收入阶层的人们会有怎样的反应？人们反应的程度会有怎样的变化？比如说，税收提高一年之后与刚刚提税一周的时候会有何不同？有没有可能有些人会在税收提高之前就改变了自己的行为？解释原因。

6. 一个国家税收体系的结构会如何影响想要向该国移民或者从该国移居的人们？让我们以 A 国和 B 国为例进行对比。假设 A 国对个人每一美元的收入征收 20％的所得税（也就是每一美元的收入必须缴纳 20 美分的税）。B 国对每年最初的 4 万美元的收入征收 10％的税率（每一美元缴纳 10 美分的税），并对超过 4 万美元的个人收入征收 40％的所得税（每一美元收入需纳税 40 美分）。首先，我们算一算年收入 4 万美元的个人与年收入 10 万美元的个人需缴纳的所得税。接下来笼统地考虑一下：假设两国的语言、文化以及气候都相同，如果人们可以自由选择居住在将两个国家分隔开的一条河的任意一边，哪些人会选择居住在 A 国，哪些又会选择 B 国？如果两个国家之间隔着的是海洋而不是一条小河，你的推论是否还能适用？如果两国的语言、文化或气候有所不同呢？解释原因。

第二部分
商业周期、失业和通货膨胀

第 6 章　GDP 是我们想要的吗?

　　经济学家在很多问题上存在分歧。其中一个重要的问题与度量的标准有关。比如说,假设你对研究经济运转是否良好感兴趣,可能是针对纵向上一段时间内的发展状况,也可能是横向与其他国家相比较;又或者你想要比较不同国家的人们对自己的生活是否满意。进行此类研究时,最常见的方法都会涉及**国内生产总值**(GDP)的衡量。几乎所有宏观经济政策的制定都依赖于决策者根据一些关键的变量所形成的判断,而任何一个决策者都会将 GDP 这一指标作为关键变量纳入考虑之中。不仅如此,正如你在第 4 章所看到的,世界各国人们的生活条件相差悬殊。理解富国与穷国之间根本差别的前提是我们清楚需要衡量的对象是什么,而 GDP 就是度量的出发点。

GDP 度量了什么?

　　GDP 被定义为一个国家在国内新生产的最终产品和服务的市场价值。该定义包含了四个关键要素:

　　1. 市场价值

　　GDP 是根据产品和服务的价格乘以数量得出的。因此,它会随着产品和服务的价格变化而波动。我们的大部分讨论关注的是**实际 GDP**,也就是剔除了**价格水平**波动之后的 GDP。这样一来,我们所关注的就是生产的产品和服务的总数量。

　　2. 新生产的

　　纳入 GDP 的产品和服务都必须是一个会计期内(一般来说都是最近一个自然年度)新生产的。尽管很多人喜欢二手车、旧房甚至是古董,GDP 却只关注当前生产的产品和服务。

　　3. 国内生产的

　　如果你仔细研究一辆新车的零部件就会发现,即便它是一辆"美国车",它的很大一部分实际上都是在其他国家生产的。同样,很多在美国销售的"日本车"其实是在美国生产的。一个国家的 GDP 只能包括在那个国家生产的汽车零件（以及其他产品和服务）。

4. 最终产品和服务

在生产产品和服务的过程中，有很多中间步骤，很多时候这些步骤在全国范围通过一次次独立的交易才能完成。但是这些中间产品的价值已经被包含在了最终产品中，所以我们在计算 GDP 的时候只涵盖产品的最终价值。否则，我们会重复计算最终产品和构成它的零件的价值。

估算的且有遗漏的信息

实际 GDP，也就是剔除了价格波动的 GDP，是官方用来测算一个经济体内部生产的最终产品和服务的标准。尽管这一数字有着广泛的用途，但是你必须知道它的局限性。首先，其很多重要环节是发布 GDP 的政府机构"估算的"，或者估计的。比如说，即使是那些不存在"市场交易"的自用型房地产领域，美国商务部也设计了一套方法，用于估算那些自用房的潜在租金价值，并将这一部分服务的总价值纳入实际 GDP。与之类似，农民生产的农作物中会有一部分在上市之前就被自己消费掉了。商务部同样也有一套估算这部分食品数量的方法。就像自用房一样，该估计值也包含在了实际 GDP 之中。

尽管政府做了最大的努力，但是每年公布的实际 GDP 数据仍然存在很多重大的疏漏。例如，自己动手的劳动构成了服务生产，但却没有纳入官方统计。如果你把你的车交给修理工，他们为你的车所提供的服务都将计入当年的实际 GDP 中。但如果你和一个朋友自己动手修车，这些劳务就不会被纳入统计数据。官方 GDP 数据中所遗漏的自己动手的劳动中，最大的一部分来自那些家庭主妇。经验研究普遍认为，每周一个家庭主妇所提供的劳务价值达到数百美元，而这些都未包含在官方实际 GDP 数据中。

除此之外，市场上的非法与地下经济活动——每年高达数千亿美元——产生的巨大交易量也是一个问题。在一些对实际 GDP 的"真实"度量中，我们也许应该把性服务、非法的毒品交易等活动加入进来，因为这些产品和服务很可能满足了消费它们的人。我们同样也应该囊括那些合法但却未上报的"地下经济"收入(更多内容参照第 2 章)。一些人不申报收入的原因是为了逃避税收。但这部分收入中有很大一部分被非法移民所获得,他们不申报收入不过是为了避免被驱逐出境。

需要做减法吗?

如果能对上一节提到的项目进行调整,我们也许会认为我们对实际 GDP 的测算是可靠的。然而,我们仍觉得,应当对实际 GDP 做出某些改变,让其成为能够真实反映我们物质生活水平的概念。举例来说,政府统计中,晚上开车赶赴约会时花费的 5 美元油钱与早上上班花费的 5 美元油钱是一样的。但显然,大多数人对这两笔支出的态度是不一样的。

下一项我们需要关注的焦点通常被称作"可悲的必需品",包括外交、国防、警察和消防、监狱等。这些项目自身显然不能为消费者带来满足感。这些服务的生产是为了让我们更好地消费其他商品。从这个意义上来说,我们可以把可悲的必需品当作生产其他产品时的中间产品。如此一来,从实际 GDP 中扣除这些项目,得到的指标可能会更好地反映出与消费者相关的最终产品价值。但是,政府统计人员显然对此不以为然。

同时,我们要意识到城市化、工业化的社会存在很多弊端。大城市使很多大规模商业活动的开展(从而市场上会有更多的商品)成为可能。但这同时也会带来很多问题,比如交通拥堵、噪音和垃圾。如果我们关心的是社会福利指标,我们应当从实际 GDP 中将这些令人不满的项目扣除(基本上所有污染都适用于这一推理过程)。然而,我们很难精确地估计这些负效应的价值,所以官方数据中也不会对此做出调整。

GDP 能告诉我们什么?

现在,你也许会很疑惑,实际 GDP 与我们的幸福感或者福利水平究竟有没有联系?毕竟,如果你花在修补老爷车上的时间被排除在实际GDP 之外,而每天早上堵车时消耗掉的汽油却被计入实际 GDP,这看

宏观问题经济学（第五版）

起来的确像是政府会计人员本末倒置了。同样重要的一点是，很多在美国的 GDP 中很重要的部分（比如快餐食品）在别国 GDP 总量中的比重却很小，而有些对其他国家的人很重要的东西（例如木薯根），我们大多数人都不知道那是什么。那么，我们能够从比较不同国家的实际 GDP 中得到什么？（同样，我们也可以质疑比较一个国家不同时期的 GDP 有什么意义：1840 年的时候，鲸油是很大的一个产业，就如同今天笔记本电脑的地位一样。）

很多年来，经济学家都相信这样的比较尽管很普遍，但普遍来说并没有什么意义。比如说，想象这样一个经济体：产品和服务日渐丰富，但也背负了犯罪、污染、更少的休闲时间这样的压力。这时，实际 GDP 与不同国家不同人的福利、幸福感、满意度毫无关系，与同一国家不同年代的人的感受也没有关联。然而，眼下实际情况是，GDP 在这些不同国家、不同人群甚至不同时间的比较中被广泛应用。

引入幸福感

尽管经济学家们正在忙着测算实际 GDP，但大批的学者——比如社会学家、心理学家和政治学家——却一直在研究人们对于他们的生活是否感到幸福和满足。如今，我们必须有所保留，甚至谨慎地看待这些问题的答案，毕竟"说起来容易"。也就是说，当你去商店购买商品时，你为了得到某样东西必须有所付出。但是在做问卷调查时，问你是否感觉幸福，对你来说在"幸福"后面打钩和在"不幸福"后面打钩其实没有什么区别。

怀着这份谨慎，经济学家贝齐·史蒂文森（Betsey Stevenson）和贾德森·沃尔弗斯（Judson Wolfers）相信这样的调查有助于确定实际 GDP 与幸福感之间是否存在关系。显然，在比较之前必须要做一些调整。例如，大国和小国之间不具可比性，学者就用实际 GDP 除以每个国家的人口数得到**人均实际 GDP**。类似地，在不同国家或者不同时期向人们提出的问题也会有所不同，所以为所有回答找到一个可以相互比较的基础也是一项艰巨的任务。在做完了所有准备工作之后，他们的结果令人吃惊。

实际 GDP 与幸福感高度相关

史蒂文森和沃尔弗斯发现，人均实际 GDP 与记录下的幸福水平之间存在明显且持久的正相关关系。他们使用了几十年来 100 多个国家的数据，结果显示，当人均实际 GDP 变高时，有记载的满意度或幸福感指数也会变高。显然，"餍足点"并不存在——也就是说，即便是最富有和最幸福的人，只要未来收入有所提高，仍然会获得更大的满足感。

作者使用三种不同的方法对数据进行了研究。首先，他们考察在一个固定时点上同一个国家不同人们的收入指标（人均实际 GDP）和幸福感（或者说是记录下的满意度）。接下来，他们研究该时点上不同国家的人们的收入与幸福感之间的关联。最后，他们评估了一些国家的人均实际 GDP 与幸福感指数在一段时间内的变化关系。在每一种情况下，他们都发现了两者间显著的正相关关系：人均实际收入越高的人会觉得自己越幸福。

显然，实际收入不是影响幸福感的唯一因素。性别、年龄以及很多难以测量的指标也很重要。不仅如此，很有可能存在另外某个变量也会提高收入水平与幸福感指数。例如，在第 4 章我们提到，保障财产权与法治对于提高人均实际 GDP 至关重要。同样的道理可能也适用于提高居民的幸福感，毕竟这些措施也能提高公民的个人自由。然而，虽然"钱买不来幸福"，但是史蒂文森和沃尔弗斯的结论仍澄清了一点：尽管存在很多缺陷，人均实际 GDP 却与幸福感高度相关，至少对那些参与问卷调查的人来说是这样的。因此，即便 GDP 不是度量事物最完美的指标，我们也会一直使用它，毕竟它要比所有其他指标好得多。

◀◀ 思考题 ▶▶

1. 我们如何判断一样物品是最终产品或服务，是可悲的必需品，还是中间产品？换句话说，它们之间的区别是什么？

2. 为什么将 GDP 与实际 GDP 区分开来是十分重要的？

3. 你会将下列各项支出归类为中间产品、可悲的必需品还是消费品？（a）备用轮胎；（b）为严重受损的患者手臂做外科手术；（c）注射肉毒素以去除额头纹；（d）声乐课；（e）为读大学所花费的支出。解释你的理由。如果消费者是一位在公共场合做过多次演出的专业歌手，你对（c）和（d）的答案是否会有所变化？为什么？

4. 在过去的 40 年里，越来越多的女性加入了劳动力大军，外出工作而不是做全职主妇。其结果是很多妇女现在雇人去做那些曾经自己动手的家务劳动（比如带孩子和打扫屋子等）。这种"出售"家务活的行为对于 GDP 的度量会产生怎样的影响？解释你的理由。

5. 在过去的 40 年里，美国的空气和水污染大幅减少。这种环境的改善是否会提升人们的满足感或幸福感？是否会反映在 GDP 中？

6. 在那些地下经济发达的国家，在人均实际 GDP 一定的情况下，人们的幸福感要比大家所想象的水平更高还是更低？解释你的理由。

第7章　单词里面有什么？很多，尤其是当这个词以字母"R"开头时

　　现任总统（及其所有政党成员）都会讨厌带有"R"的单词。这里我们指的是**衰退**（recession）一词，一个用来描述国家整体经济低迷或者停滞不前的单词。政治家对于衰退的态度产生于这样一个简单的事实：人们会"为自己的钱包投票"。也就是说，当经济势头良好时，选民倾向于让现任总统继续执掌白宫，但是当经济状况糟糕时，选民很可能会"赶走这个废物"。有意思的是，尽管衰退一词经常用来描述一段时期内经济的糟糕表现，但是大部分人都不知道这个词的真正含义。

美国经济研究局

　　自从1920年建立以来，一个叫做美国经济研究局的私人组织就致力于准确度量美国经济的整体状况（同时它资助那些针对其他经济问题的研究）。长期以来，美国经济研究局在公正、有效地评价经济状况方面建立了良好的声誉。以至现在，大部分人对于其发布的经济状况数据都深信不疑。最重要的是，我们完全依赖于美国经济研究局告诉公众，究竟现在是否处在经济衰退期。

　　如果你是一位爱看报纸的读者，你也许知道衰退一般被定义为**实际国内生产总值**（实际GDP）在一段时间内至少在两个季度（一个季度有三个月）都在下降。实际上，美国经济研究局衰退数据委员会在判断经济状况时并不怎么依赖实际（根据通货膨胀调整后的）GDP的变化。这主要有两个原因：首先，政府一般按季度公布GDP数据，但是美国经济研究局倾向于关注那些至少是按月发布的即时数据。其次，官方公布的GDP数据经常会做一些重大的调整，这使得最初看起来良好的经济势头可能会突然变得很差，反之亦然。

　　比如，回顾2001年（一个多事之秋），最初的数据显示在年内只有一个季度经济出现下滑。但是当政府最终完成了对数据的修改时，结论

却是 2001 年中有三个季度实际 GDP 是下降的。2007 年，政府发布了对 2004—2006 年已经修改过的 GDP 数据的修正案。对于这十二个"修正再修正"的季度来说，所有数据居然都发生了变化：两个季度上调，其余十个全部下调。读者由此可以明白，为何像美国经济研究局这样以可靠性和准确性为自豪的机构不愿在实际 GDP 数据上投入过多的精力。

那么美国经济研究局在定义衰退时会使用什么指标呢？它对衰退的官方定义可以给我们一些启示："衰退是指整个经济体中的经济活力显著下降，通常持续数月，在工业生产、就业率、实际收入以及批发零售等各个环节都十分明显。"尽管对于一个术语来说这个定义十分冗长，但是它其实不难把握。首先要注意的一点就是，美国经济研究局主要关注四项信息：

- 工业产值
- 就业率
- 实际收入（用扣除通货膨胀因素影响的消费者个人收入来衡量）
- 商品批发与零售的销量

以上这几项都能够得到可靠的月度数据，这样一来每个月美国经济研究局都能使用最新的数据来为经济形势把脉。当四项指标都在上升时，这显然是好消息。当所有指标均下降时，毫无疑问情况很糟。但是当一些上升而另一些在下降时，专家们的判断就将派上用场了。

3D 原则

就算美国经济研究局衰退数据委员会真的有一套严格的方法用来度量衰退的起止时间，委员会的成员们也不会对外公开该方法。他们愿意公开的是当他们宣称衰退开始或者结束时，最关注的三个重要变量，都是以字母 D 打头的单词：

1. 程度（Depth）

如果四项指标中，有一项或多项出现下降，美国经济研究局首先关注的是下降的程度。比如说，在总共超过 1.4 亿的劳动力大军中，就业人数减少了 5 万就不算什么太大的问题。但如果就业人数下降了很多，比如说 100 万，那问题显然就严重了。

2. 持续期（Duration）

在我们的经济体中，经济活动的月度波动是很正常的。之所以产生这些波动，部分是因为我们对于经济活动的度量是不精确的，另一部分是因为在一个像美国这样复杂的经济体中，许多持续发生的事情会对整个经济的表现产生影响。因此，如果个人实际收入持续上升或者下降达到一个月甚至两个月，衰退数据委员就会来判断这种变化是否处于正常边界的范围内。但是如果这一趋势持续超过了（比方说）六个月，委员会就会对这种变动予以更多的重视。

3. 分布（Dispersion）

由于美国经济研究局试图衡量的是美国经济的总体水平，首先需要确保的是他们不会被那些并不可靠但却对居民生活水平至关重要的经济发展指标所误导。举例来说，美国对工业制造行业的依赖越来越小，而服务业却日渐发达。但是，工业生产部门对经济形势的一些突变十分敏感，而经济体中的其他行业却不会这样。所以，为了确保能够准确把握整体经济动态，美国经济研究局通过同时监测商品批发与零售数据将关注的重点放在了工业生产上。

确切的答案

运用 3D 原则，将经济增长的四个指标统一起来之后，衰退数据委员会终于能够做一些决定了。衰退，顾名思义，由"经济运行达到一个波峰"开始，结束于"经济走势降至波谷"，并开始新一轮的扩张。从波谷到波峰之间，经济都处于**扩张**阶段。从历史上来看，扩张是正常的经济状态。大部分衰退都很短暂（通常在 12～18 个月内结束），并且在最近数十年，鲜有衰退发生。美国最近一次衰退发生于 2007 年 12 月，那是在持续了长达六年的经济扩张之后。这一轮衰退结束于 2009 年 6 月。

美国经济研究局用来确认衰退的四个指标的走势大部分时候是一致的。尽管有时候短期内会相互矛盾，但它们很快又会步调一致。然而，美国经济研究局的判断却仍然存在争议，争论的焦点集中在两个问题上：一个是经济活动的潜在增长，另一个是人口增长的重要性。

美国经济研究局把衰退定义为经济活动的绝对下降。但是一些经济学家注意到，至少在过去的几个世纪，包括美国在内的发达国家经济活动每年都在增长，这几乎是一个常态。因此，他们认为衰退的确切含义应该是经济增长率显著低于潜在增长率。当我们有理由相信潜在增长率因为某种原因发生了变化时，或者在比较两个经济增长率相去甚远的国家近期的表现时，该观点都会显得极有说服力。比如说 X 国的年潜在增长率是 4%，而 Y 国仅有 2%。如果两个国家经济都只增长了 2%，X 国的失业率就会上升，一些人就会认为事实足以表明 X 国正处于衰退之中。这种度量法的最大问题在于，人们很难准确地断言任何一个国家的潜在增长率。

争论的第二个焦点源于观察到的这样一个情况：大部分国家的人口总数是在不断上升的。因此，即使经济是不断增长的，人均福利水平却未必也会增长。举例来说，假设年均人口增长率为 3%，但实际个人收入每年仅有 2% 的增幅，而其他所有指标的变化都与个人收入相同，美国经济研究局此时就会判断经济处于扩张期，但是此时**实际人均收入**正在下降。考虑到衰退指的是经济状况变差，一些经济学家认为这种状态应当算作衰退的一种。该观点具有一定的合理性。然而，美国经济研究局认为经济在增长而人均实际收入却在下降这种情况并不多见，历时也不长。

不幸的是，即便衰退数据委员会能够意识到潜在增长水平、人口变化的重要性，并修订自己的测算方法，其他一些问题仍然会引起人们对其结论的非议。如今，大多数经济学家都安于根据美国经济研究局的数据做出判断。大多数政治家也是如此——当然，除了那些数据对自己不利的时候。对普通选民来说，就算他们并不了解衰退的定义是什么，他们也能清楚地意识到自己的感受——并会投出相应的选票。

◀◀ 思考题 ▶▶

1. 美国经济研究局拒绝为迎合当前政治压力或经济风潮而修改其对衰退的定义，为什么这一点对于政治进程和我们对经济的理解都至关重要？

2. 你认为选民是更关心美国经济研究局对于经济是否处于衰退的

判断，还是更在乎自己、朋友及家人当前是否能够找到一份好工作？为什么政治家们总会对经济是否"正式"处于衰退状态小题大做？（提示：让一个普通选民判断他/她所居住的社区之外的经济状况如何是不是很困难？可以向他们提供一些简单的测算方法来衡量该经济体其他地区的发展状况。）

3. 研究过去六次衰退的数据。（www. nber. org/cycles/recessions. html，www. bea. gov，以及 www. globalindicators. org 都是很好的数据来源。）将它们按照持续期与严重程度排序。这第一个问题很简单；下面第二个问题则有一些难度：人们——包括普通公民和政治家——是否会对如何判断一次衰退的严重程度持有不同意见？你会如何判断？

4. 回到问题 3 中的数据，一些人可能会将 2007—2009 年的衰退定义为"大衰退"，根据你手头的相关数据，你觉得最近的这次衰退能够称得上"大"吗？解释你的理由。

5. 股票市场通常被称为经济走势的"先行指标"，而失业率通常被称为已发生的经济变化的"滞后指标"。利用问题 3 和问题 4 的数据，再加上股票市场和失业率的情况，回答下面两个问题：

（a）股票指数（例如道琼斯工业平均指数和标准普尔 500 指数）的变化是否领先于每一次经济衰退的起止？

（b）经济衰退的起止是否预示了失业率升降的变化趋势？

6. 为什么我们既要关注所谓"衰退"从什么时候开始，又要注意它何时结束？

第 8 章　大衰退

2004—2010 年这段时期绝对是自 1930 年以来美国历史上最为混乱的一段。撇开一些细节不讲，表 8—1 列出了每一年的头条新闻，它能告诉你这些年到底发生了哪些大事。

房屋丧失抵押赎回权达到历史最高值，数百万人丢掉了工作，产品和服务总产出下降了 6％，失业率却达到了近 30 年来的新高。很多人把 2007—2009 年的衰退称为"大衰退"。情况真的有那么糟糕吗？如果真的如此，这又是为什么呢？同样重要的问题是，我们能从中学到什么呢？

表 8—1　　　　　　　　　2004—2010 年重大经济事件表

年份	事件
2004	美联储从年末开始实施紧缩货币政策
2005	繁荣的住宅市场出现了走弱的迹象
2006	房价开始下降，房屋丧失抵押赎回权的情况开始增加
2007	房屋丧失抵押赎回权的情况激增，2007—2009 年的衰退从 12 月开始
2008	10 月爆发大面积的金融危机，衰退程度进一步加深
2009	失业率达到峰值 10.1％之后，6 月份经济衰退告一段落
2010	房屋丧失抵押赎回权的情况仍在继续，但是就业率的恢复表明经济已经开始复苏

多年以前

引发 2007—2009 年危机的根源在于国会长期以来选择实行的政策。实际上，我们需要上溯到 1995 年，那时国会与克林顿（Clinton）政府联手，大力推动银行与抵押贷款机构放宽对于个人申请住房**抵押贷款**的标准。它们的目标在于增加房屋自有率，尤其是针对低收入的美国居民。

抵押贷款机构反应迅速。它们开始降低对首付、信用记录及其他能够反映财务风险的指标的要求。很多新增住房贷款都是次级的，或是次

优级的（也叫做边缘抵押贷款）。在 2001—2002 年的衰退之后，两家由
政府资助的大型抵押贷款机构**房利美**和**房地美**开始推动贷款人向那些资
信状况可疑的借款人发放更多贷款（参见第 15 章）。很快，几乎所有人
都可以获得一笔抵押贷款，并且在很短时间内，房地产泡沫开始迅速扩
大。低收入甚至没有收入的人都实现了拥有一套房子的美国梦——以大
笔需要偿还的债务为代价。

在无法将部分或全部风险转嫁出去的前提下，没有哪一家贷款机构
会不断将贷款发放给那些具有风险的借款人，即使是最爱冒险的机构也
不会这么做。因此，金融企业发明并增加了各种金融产品来分散风险，
主要包含以下几种：

- 抵押贷款支持证券（MBS）
- 资产支持证券（ABS）
- 担保债务凭证（CDO）

尽管它们的细节条款各不相同，但是这些证券有着相同的组织原
则：金融企业以高风险的抵押物和其他债务为担保去借款，然后将资金
贷出从而产生更多高风险债务。货币在这一过程中不断流动，而巨大的
风险不断地在这些证券的购买者中扩散。

低迷和恐慌

2004 年末，美联储开始紧缩贷款，到 2005 年，利率开始上调。在
正常环境下，美联储这一政策变化最多只会导致温和的衰退，就像
2000—2001 年一样。但当时的情况却很特殊。很多在 2003—2005 年的
抵押贷款最初每月的还款额非常低，但是利率的上升使两三年之后每月
的还款额急剧增加。当 2005 年末 2006 年初月供额度开始大幅提高时，
许多借款人无力偿还贷款，房地产市场**泡沫**报复性破裂了。那些早先买
房的人希望通过转手出售获得高额**利润**，却发现自己"落水了"，也就
是说，他们房产的市场价值突然跌到了比所欠贷款价值还要低。很多借
款人因此放弃了他们的住房，拒绝为他们的抵押贷款继续还款。

所有持有 MBS、ABS、CDO 的主体（个人、企业，甚至政府）每
月应收的按揭还款突然少了几十亿美元。不仅如此，这些证券及债务的

宏观问题经济学（第五版）

市场价值比先前人们所预期的要低得多。在短短几个月内，上千亿美元的财富蒸发了——上百万的购房者放弃了偿还抵押贷款，也放弃了自己的房屋。到 2007 年末，消费者与企业支出开始下降，衰退开始了。2008 年当人们意识到 MBS、ABS 及 CDO 已经变得毫无价值时，金融危机迅速爆发，并蔓延至全球大部分地区。

美联储亦步亦趋

到 2008 年末，投资者对美国金融体系的信心不断降低，并最终导致几家主要金融机构完全破产或濒临破产。很多商业银行、投资银行，甚至保险公司都深陷泥潭，在全美范围内，无论提供多高的利率，那些想要筹款的人都无法从任何机构那里获得资金。美国金融市场的整个体系处在崩溃的边缘。如果这一切真的发生了，可能情况就会像 1929—1933 年大萧条时一样。

美联储深知不作为的代价惨重，因而迅速采取措施，试图重建公众对金融体系核心组成部分的信心。这些措施所涉及的方面比以往任何时候都要广泛。例如，在历史上，美联储负责向全国范围内的商业银行乃至联邦政府贷出资金。但是在 2008 年，美联储直接向全国各地的非银行机构贷款上千亿美元。不仅如此，美联储还出手收购了政府资助的抵押贷款市场巨头房利美和房地美所欠的债务，以鼓励其向购房者提供贷款。最终，美联储批准了下述与商业银行的交易：将自己持有的数十亿美元无风险的联邦政府**债券**与银行手中数十亿美元高风险的私人债券交换。实际上，美联储帮助银行将那些高风险的问题资产从它们的**资产负债表**中转移了出去，从而降低了大量惶恐不安的储户向商业银行要求兑现的可能性。

美联储的这一剂猛药使市场恐慌戛然而止。就好像 1913 年美联储刚成立时所预期的，它作为"最后贷款人"发挥着作用（参见第 20 章）。与过去相比，最大的不同点在于美联储实际上将几乎所有大型金融企业都当作满足贷款条件的机构。虽然美联储这一前所未有的政策变化在长期会有怎样的影响尚不明确，但有一点可以明确，美联储大量增加贷款的行为（总值超过了 1.5 万亿美元）有效抑制了市场恐慌，并防止了经济衰退滑向深渊。

情况究竟有多糟？

即便如此，2007—2009 年的衰退仍然超过了自第二次世界大战以来美国经历过的任何一次危机。它甚至是有史以来最严重的六次衰退之一。例如，在这一次衰退中，就业率下降了 6%，是第二次世界大战后最为严重的一次；相比之下，2000—2001 年就业率下降了 2%，1948—1949 年降低了 5%。与之相似，总产出在 2007—2009 年间下降了 4.1%。而此前产出降幅最大的一次是 1973—1974 年的 3.2%。尽管失业率（10.1%）没有 1981—1982 年衰退时（10.8%）高，但是两次衰退中失业率的增长幅度却十分接近——都超过了五个百分点。

从这些数据看，尽管 2007—2009 年的衰退是第二次世界大战后最为严重的一次，但是相比于大萧条（1929—1933 年）时期仍是相对缓和的，即便是相对于 1937—1938 年、1919—1920 年的两次衰退来说，它也是最温和的。但是最近这次衰退依然会在相当长的一段时间内对美国人继续产生影响，这主要有以下两个原因：首先，如果美联储没有在 2008 年采取激进的救助措施以抑制市场恐慌，那么"会发生什么"？很多经济学家认为如果美联储没有及时采取行动，最终结果将和 1929—1933 年时一样糟糕，那一次的危机使产出下降了 30%，失业率超过了 25%。

其次，房地产市场成为了 2007—2009 年危机的重灾区，这是自 20 世纪 30 年代以来未曾出现过的。房价下跌了 40%，数百万的家庭失去了自己的住宅。每年破土动工的新房数量降到了 50 万以下，而在危机前这一数据最高曾达到每年 200 万。很多地区的房屋建设戛然而止，大部分房屋尚未竣工就被放弃了。

关于美联储的更多细节

身处金融危机与经济衰退的混乱之中，很多评论员都没有注意到美联储的两次政策变化极大地扩张了自身在配置资源方面的权利。首先，美联储要求国会给予向银行系统**准备金**支付利息的权利并最终取得成功。很多年来，经济学家都在为美联储是否该向银行支付**法定准备金**（也就是按照法律规定银行必须持有的准备金）利息而争论不止。但是在国会的庇护下，美联储更进一步，向**超额准备金**（商业银行持有的超过最低法定准备金的数额）也支付了利息。对超额准备金支付利息的最大问题在于这会鼓励银行减少向个人和企业的贷款。是继续向私营部门发放存在风险的贷款还是上缴准备金以获取美联储无风险的利率，很多银行都选择了后者。结果是超额准备金数量从仅有几十亿美元一跃超过了一万亿美元——而那些私营部门的借款者却难以筹集资金。银行不必向私营部门发放有助于生产发展却存在风险的贷款，只需通过将超额准备金存放在美联储就能获得利息。这也导致了在 2008 年危机结束之后的很长一段时间内，经济复苏十分缓慢。

萧条的信贷市场使美联储有史以来第一次宣布向商业银行和联邦政府以外的实体贷款。从 2008 年秋天，美联储就开始在全国范围内分配信贷额度，自己来决定哪些企业能够获得贷款（从而得以幸存），哪些得不到（因而不得不面临破产）。在美国财政部救助投资银行和汽车公司的做法招致广泛批评的时候，美联储却大刀阔斧地重塑了信贷市场，而这一切居然发生得悄无声息，以至于几乎没有遭受来自媒体的压力。上千亿美元财富通过联邦储备系统位于华盛顿的总部就分配出去了——其原因只有政府任命的负责分配的官员才清楚。这一切在美国是史无前例的。

我们从中能学到什么？

我们会在第 20 章详细介绍，最近的这一次危机证实了联邦储备系统在金融恐慌时能够发挥关键作用。作为借款人和最后的防火墙，美联储有能力阻挡金融风暴波及整个经济体。这一职能是美联储自 1913 年最初创立时就设定的，然而其在 1929—1933 年大萧条中没能发挥应有的作用。现在我们清楚地知道如果未来有需要，美联储会有足够的工具来应对危机。

2007—2009 年的衰退带来的第二个重要教训对政治家来说可能很

难接受。国会试图人为地提高美国居民住宅拥有率的尝试最终鼓励了那些财务状况不佳的个人购买自己难以负担的房屋。当房地产市场开始降温时，这些人中的大部分放弃了自己应承担的债务责任，并给经济体的其他环节带来了灾难性的影响。可以说国会推动的房地产政策为一场严重衰退的到来搭好了舞台。然而，还没有迹象表明，国会的议员们已经认清了他们在这次危机中的职责所在。那些鼓励向高风险房主贷款的政策仍然存在，房利美和房地美仍然在竭尽所能补贴那些财务状况不足以支撑还款的购房者。这一政策与美联储在全国范围内大规模分配信贷额度的举措共同推高了经济运行的风险。在美国及世界各地，政府机构参与市场，判定赢家和输家的历史记录并不光彩。我们毫无理由去推测美联储会做得更好——也就是说很可能数十亿美元的财富最终会被美联储白白浪费。

我们从这场危机中能学到的最后一点需要在你读完下文之后未来的某个时间才能体现出来。我们注意到，美联储在 2008 年底到 2010 年之间新增了大约 1.5 万亿美元贷款。从长期看，这已经远远超越了我们的经济体在不爆发大规模通货膨胀——也许人们会面对翻倍的价格水平——的情况下可以吸收的资金。没有人会认为美联储的这一举措的目的是引发价格水平的大规模上升，但是没有人知道美联储能否避免通货膨胀以及将美国拖入更严重的衰退。不过也不必杞人忧天，因为当你学完本书的全部课程后，你会发现经济学家已经有了更好的答案——关于经济这场大戏将如何自己走出泥潭。

思考题

1. 2007—2009 年衰退中的哪些因素使很多观察家将其称为大衰退？你认为这一称呼合理吗？解释你的理由，并用数据来支持你的结论。

2. 哪些国会成员会因对高风险、低收入购房者进行补助的法律得以通过而受益最多？有什么数据可以用来证明你的推断？

3. 在衰退中，国会修改了法律，让那些失业人员可以领取救济的最长期限延长到 99 周（此前该上限仅有 26 周）。这一法律上的变化对下述指标会有什么影响？（a）就业率；（b）失业持续时间；（c）失业率。解释你的理由。

4. 金融机构及其他一些借款人将如何偿还美联储在此次危机中发放给它们的贷款？这对于经济体会有怎样的影响？

5. 关于一场危机严重程度的另外几个度量指标包括：（a）工业产出的下降；（b）零售额的下降；（c）失业持续时间。基于上述几个标准，2007—2009年的这次衰退相比于第二次世界大战后的几次危机来说，是否更加严重？

6. 一般来说，政策制定者应当更关注高通货膨胀率还是高失业率？正如你在第1章所了解的，津巴布韦的年通货膨胀率甚至达到了230 000 000%，与此同时，失业人口占到了劳动人口总数的80%。能够导致高通胀的政府政策是否同时会使失业率也居高不下？

第9章　正在消失的劳动力

每个月，美国劳动统计局（BLS）都会对劳动力市场进行调查，以确定美国的失业人口。根据得到的数据，劳动统计局会计算出**失业率**。这一数字是经济运转情况的重要指标。失业率的计算过程看上去非常简单：它是**劳动力**人口总数中这样一批人所占的比例：（1）超过16周岁并且不属于任何机构或学校；（2）积极寻找工作但一直没有成功。

现任总统连任的可能性往往取决于失业率的估计值。历史上，当失业率高涨时，时任总统的连任机会要比失业率保持稳定或下降时小得多。正如一句古话所说："人们会为自己的钱包（或者是工资单）投票"。

因为这个理由及其他一些原因，对政治家和普通大众来说，了解失业率是如何度量的至关重要。然而值得注意的是，人们对于美国劳动统计局发布的美国失业率情况是否准确并没有一个统一的看法。首先，让我们看一看美国历史上失业率最高的一段时期——从1929年开始，几乎持续了十年也没有彻底结束的大萧条期。

25％的失业率——难以想象

如果看一看大衰退期间美国政府官方关于失业率的统计数据，你会发现该数据一度达到了25％——这意味着每四个美国人中就有一个曾经的劳动者在大萧条的危机中找不到工作。这么高的失业率意味着，从那以后的任何一次**衰退**所造成的公众的悲惨遭遇都无法与之相比。

尽管如此，很多经济学家对大萧条期间居然有1/4的劳动力失业表示怀疑。其原因很简单：在那段时间，联邦政府实施了许多项目意图"将人们放回工作岗位"。这其中包括公共事业振兴署（WPA）、民间资源保护团（CCC）以及其他各种规模较小的计划。政府统计人员觉得，这些人若不是为联邦政府资助的"创造就业"计划工作就会失业。因此，他们可能将这样的数百万美国人计入了失业人口。加州大学洛杉矶分校的经济学家迈克尔·达比（Michael Darby）为此重新估算了失业率水平以确定大萧条的严重程度。在对那些被算作失业人口而实际上有工作的人进行调整之后，他发现失业率最高的时候只有17%。这一数字仍然是现代社会以来美国经历过的最高的失业率了，但这显然还不至于让1/4的劳动者失业。

达比的这一调整有什么意义？它直接表明官方数据不可靠：联邦政府在向个人和企业征税以补贴那些为公共事业振兴署和民间资源保护团工作的员工。如果联邦政府没有为了这些政府的新雇员们而增加税收，私营部门可能就会有更多的可支配收入、更多的支出以及更高的就业率。这些政府的新雇员是否有可能在私营部门找到工作我们不得而知，但是官方数据确确实实夸大了大衰退期间的真实失业率。

丧失信心的劳动者：掩盖了更高的"真实"失业率

某一个特定的个人，在花费了大量时间仍然找不到工作之后，可能会对就业前景丧失信心。他们可能离开劳动力市场，回到学校、退休、在家做不领工资的全职工作，或者只是抽出一段时间休息。不管他们选择哪条路，当劳动统计局的调查员问及是否在"积极地寻找工作"时，他们都会回答没有。这些人通常会被称作**丧失信心的劳动者**。他们可能会在劳动力市场行情转好、工资收入水平变高的时候开始找工作，但是眼下却不是这种情况，所以他们离开了劳动力市场。很多年来，一些对官方公布的失业率抱有怀疑的人一直坚持认为，丧失信心的劳动者在数量上的大幅上升使政府低估了真实失业率。

为了对劳动力市场情况有个了解，让我们首先看一看20世纪90年代，这也许是美国历史上就业率上升幅度最大的一段时期。在这十年内，美国失业人口总数下降了约500万。不仅如此，只有兼职工作的人越来越少。很多已经退休的人也重新开始工作，那些本想退休的人也打消了念头。甚至，许多学生离开了学校进入高科技产业从事高收入的工作。

2001年衰退开始时，我们看到的是一副截然不同的景象。失业人口上升了大约250万。那些希望找到全职工作，却不得已只能兼职的工人人数增加了 100 万。失业超过半年的人数增长了 50%。

一些经济学家认为，还有 200 万劳动者彻底退出了劳动力市场——也就是所谓的丧失信心的劳动者。举例来说，芝加哥大学的经济学家罗伯特·托佩尔（Robert Topel）认为，"失业率指标不能与 20 年前同日而语。"他强调，在今天的劳动力市场上，最无技能的劳动者几乎没有就业机会，所以很多人不得不离开劳动力市场，而这些丧失信心的劳动者往往会被政府的统计数据所忽略。

丧失信心的劳动者是个问题吗?

有一些经济学家则持不同观点。他们认为劳动力市场与其他市场没有任何区别，所以我们能像分析其他产品和服务市场那样，运用**供给**和**需求**进行分析。**劳动力供给曲线**是向上倾斜的。这意味着当整体工资水平上升时（当然，扣除了通货膨胀之后），劳动力供给数量应当上升。毕竟，当扣除了通胀因素的总体价格水平上涨时，根据我们的观察，不论是何种物品的供给都会上升。因此，这些经济学家认为，丧失信心的劳动者这一概念根本就是不成立的。讨论丧失信心的劳动者和讨论人们不会在苹果价格下跌的时候把"丧失信心的苹果"拿到市场上卖一样没有意义。

由于劳动力供给曲线向上倾斜，当经济体中**实际工资**水平上升时，我们预期那些退休及将要退休的劳动者可能会继续工作。我们预期如果能够挣到相对较高的工资，学生们会很早离开学校。当经济增长停滞或衰退时，情况应当正好相反。也就是说，当工资增长速度下降（或是经济体范围内的实际工资水平下降），以及就业机会减少时，就会有更多的年轻人会继续留在校园里，那些已经退休的人会继续休息，而那些打算退休的人就会真的退休。换句话说，我们认为劳动力市场对价格激励的反应会和其他任何市场相同。

伤残保险与劳动参与率

同样值得一提的是，政府会补助那些（也许是很多）因为缺乏技能被迫离开劳动力市场的劳动者。这里所指的是那些在过去20年间迅速增长的社会保障项目之一，即**伤残补贴**。最初，社会保障伤残保险（SSDI）计划开始于1956年，旨在帮助那些65岁以下的残疾人，现在，它已经成为联邦政府开支中增长第二快的项目（仅次于医疗保险）。这一福利的实际价值越来越高，这主要是由于社会保障局（SSA）逐渐降低"残疾"状态的法定标准，公众想要达到这一标准愈发简单。每年联邦政府在社会保障伤残保险上的花费都超过1 000亿美元。在伤残保险现有体系下，甚至是那些不是真正残疾的人也可以因没有工作而获得政府补贴。

除此之外，社会保障体系还向那些缺乏乃至没有劳动记录的残疾人提供额外的安全收入津贴，很多人因此把伤残保险称作美国这个新福利国家的核心。从1990年开始，通过社会保障局获得残疾人补贴的人数已经翻了三倍，超过了800万——考虑到一个人每月可以领取的福利价值在过去35年里增长了近60%，这就不足为奇了。如今，联邦政府花费在伤残补贴上的钱要远远大于食品券和失业保险。

这意味着什么？简单来说，那些原本需要忍受长期病痛或一时伤痛进行工作的人——尤其是那些缺乏足够的培训和教育的人——可以选择领取政府伤残救济逃避就业。平均每个月社会保障伤残补贴有1 000美元，而且免税。对很多位于就业梯队底端的人来说，每月1 000美元的免税收入已经很不错了。实际上，在2001—2002年衰退中退出劳动力大军的200万左右的失业者中，有相当大的一部分人正在领取伤残补贴。我们预测如果有人对2007—2009年的衰退进行研究，会发现类似的结论。并且，由于人们会对激励作出反应，所以有一点是可以确定的：不论未来的经济体如何变化，只要伤残补贴的实际价值持续上升，残疾人的数量也会随之增加。

◀◀ 思考题 ▶▶

1. 你觉得失业救济的存在会在多大程度上延长失业的持续时间并提高失业率？（提示：使用需求分析和**机会成本**的概念。）

2. 人们会不会嫌失业率"太低"？换句话说，你能否想象出某种情况下，过低的失业率在长期会让经济变得更糟？

3. 人们普遍认为，导致领取社会保障伤残保险的人数越来越多的主要原因是社会保障局降低了申请补贴的标准。下列几项对社会保障局的工作人员改变申请标准会有怎样的影响？（a）社会保障局的预算是固定的还是根据接受伤残保险的人数变化的；（b）经济运行的总体情况，尤其是失业率水平；（c）残疾人在工作场所遭受歧视的可能性。

4. 如果领取社会保障伤残补贴需要缴纳所得税，那么申请补贴的残疾人数会有什么变化？解释你的理由。

5. 在最近的这次衰退中，国会将失业人员可领取救济的时限从先前的26周（大概六个月）延长至99周（几乎是两年时间）。你认为这一做法对下述指标会有何影响？（a）失业率；（b）平均失业时间。解释你的理由。

6. 想象在以下两段不同的时间里——1933年末（经济深陷大萧条的泥潭苦苦挣扎）和1939年末（经济正高速增长）——有100万人在政府为提供就业机会而安排的岗位上工作，而他们都被算作"失业者"。在哪一年（1933年或1939年）那些被安排工作的劳动者更有可能是从私营部门的工作岗位上失业而来的？哪一年他们更有可能离开失业者队伍？解释你的理由。这种差异对你判断这些工人应当划分为"未失业"还是"失业"有什么影响？为什么？

第 10 章 贫穷、富有和公平

20 世纪 60 年代，美国最贫穷的 20％的居民年收入占国民总收入的比例略高于 4％。如今，在政府花费了半个世纪致力于扶贫之后，最底层的 20％的居民收入占国民总收入的比例还不到 4％。20 世纪 60 年代时，大约 4 000 万美国人生活在贫困线以下。如今，尽管对穷人们的救助金已高达数千亿美元，仍然有 4 000 万美国人生活在贫困中。对世界上最富有的国家来说，贫困问题显得极其顽固。

首先，什么是真相

如果要分析上述情况的原因，我们应当先弄清一些基本事实。首先，即使在过去半个世纪里，贫困人口的绝对数量没有减少，随着人口的增长，生活在贫困线以下人口的比例在规模上也缩小了。根据公认的计算方法，1960 年时超过 22％的美国人生活在贫困中。如今，在我们刚刚摆脱历史上较为严重的衰退时，只有大约 14％的人口生活在官方公布的贫困线以下。

其次，由于只关注居民的现金收入，度量贫困的传统方法可能存在误导性。实际上，政府统计人员首先确定各种不同类型家庭的"最小充足"预算——也就是"贫困线"——然后再判断有多少人的现金收入低于这个标准。而联邦政府的反贫困计划中，大部分措施都是**实物转移支付**（产品和服务的转移支付，而不是派发现金），比如医疗保险、医疗补助、住房补贴、食品券以及校园午餐等。如果将这些实物援助的价值折合成现金计入个人总收入，近些年来那些低收入人群的**生活水平**已有显著的提升。

然而，这些实物援助中多大的比例应当计入接受者的总收入仍然存在很大分歧。① 然而，绝大多数评论家都认为这些转移支付和**所得税减免**（能够给予低收入者一定额度的**退税**）共同构成了收入分配底层居民的收入来源。根据转移支付和税收减免进行调整之后，在过去 50 年中，美国的贫困人口比例几乎下降了一半。同样重要的一点是，最贫穷的 20％的美国人的生活标准自从 20 世纪 60 年代以来已经提高了一倍。总而言之，在过去的半个世纪，贫困现象在美国有了非常明显的好转，那些在官方统计中仍处于"贫困"状态的居民所享有的生活水平也比 20 世纪 60 年代的穷人有了大幅提高。

收入流动性的影响

不管如何测量收入，我们都需要记住一点，大部分美国人都有很大程度的**收入流动性**，也就是随着时间的推移会在不同的收入分配阶层中迁移。导致收入流动性的一个重要原因是收入的"生命周期"模式。劳动力市场的新进入者一般收入较低，但随着工作经验的积累，大部分人的收入会逐渐增长。而年收入的最高值一般来说会出现在 55 岁左右。由于收入的峰值出现在人口的**中位数年龄**（现在大约是 37 岁）之后，现有收入分配的"快照"显示，大部分人正处在向收入分配更高层次进发的"上升通道"。一般来说，现在收入较低的人很可能会在未来获得更高的收入。

收入流动性的另一个主要原因是幸运女神的眷顾。在任何一个时间点上，高收入人群的收入都可能因为最近的好运气而出奇地高（相对于他们所预计的平均水平）——比如说，他们中了彩票，或是收到了一份丰厚的奖金。与此相反，由于最近的坏运气，那些低收入者的收入可能会特别低——例如，他们因为一次交通事故而卧床不起，又或者他们刚

---

① 分歧的主要原因在于两点。首先，一定金额的实物转移支付所带来的价值通常略低于相同金额的美元现金，这是因为现金能够使受助者在其消费模式中获得更大的选择余地。其次，医疗援助是针对穷人的实物转移支付中很重要的一部分。政府将全部承担穷人们的所有医疗开销，这意味着穷人们越是生病，就越富裕。理论上，正确的测算方法应当只包括假设穷人们不是那么贫困，因而需要自己承担医疗护理（或医疗保险）时不得不支付的那一部分医疗费用。

刚被解雇。但随着时间的推移，幸运女神的影响会在总人口中得以平衡。相应地，今天拥有高收入的人可能在以后收入水平就会有所下降，而如今收入较低的人可能会在将来有所改善。也就是说，很多人并不会永远生活在贫困线以下，一切只是暂时的。

收入流动性的显著性在一些对个人收入进行的长期研究中异常明显。例如，那些在 20 世纪七八十年代收入最高的 20%（1/5）的人，只有不到一半能在十年后仍保持在前 1/5。类似地，那些最贫困的 1/5 的穷人，几乎有一半在十年后脱离了这一等级。尽管随着时间的推移，情况有所不同，但是收入流动性却依然势头强劲。从 1996 年至 2005 年间（最近刚研究的一个十年），那些 1996 年时还挣扎在收入最底层的 20% 的居民，有超过半数的人在 2005 年时摆脱了贫困。

表面现象与本质

不论上文的数据如何，仍有很多因素加大了美国的收入差距，或呈现出加大的趋势。所以，我们最好对这些因素有所了解。首先我们需要明确，总人口中远高于贫困线的人口比例是不断扩大的。举例来说，在 1969 年，所有美国人中大约有 4% 的人收入相当于贫困线水平的六倍。今天，差不多 6% 的美国人能够获得如此高的年收入（对一个四口之家来说，超过 15 万美元）。这种高收入群体的收入大幅增长通常发生在非常高的收入阶层中。比如说 30 年前，收入最高的 10% 的美国人赚取了约 31% 的总收入。如今，这一比例是 37%。在一个甚至更精英的公司，过去最顶层 1% 的雇员的收入占总收入的 9%。而现在，这一比例却是 16%。所以，即便全社会根据通货膨胀调整后的收入水平都在不断提高，那些社会最顶层的人的收入增幅仍是最大的。经济学家一直尝试对这一自 20 世纪 90 年代开始显现的收入模式进行解释。尽管仍有许多工作需要做，但是有些答案已浮出水面。

首先，美国的人口结构发生了一些重大变化。当国家处在老龄化的进程中时，一般来说，老年人口的收入差异会比年轻人更大，这是因为老年人经历财富起伏的时间更久。美国人的受教育程度也变得越来越高，这也会加剧收入不均。受教育程度较低的居民收入水平会比较接近，而受过良好教育的那些人的收入水平则会分化：有些人选择将自己的**人力资本**转化为更高的收入，而另一些人愿意享有更多的休闲时间。综合考虑，不断拉大的收入差距之所以显现，人口结构的两个变化——老龄化和受教育程度——负有 75% 以上的责任。

其次，在很大程度上，社会上层的收入快速增长并不是真实情况，它只是会计算法虚构出来的。一直到 20 世纪 80 年代末，富人们都可以将自己收入的很大一部分计入公司而不是个人收入，从而获得税收上的优惠。实际上，富人们之所以隐瞒自己的大部分收入，并不是为了逃避税务机构，而是为了躲避那些关注收入分配的政策制定者。后来的税法改革开始鼓励人们将部分收入以个人所得而不是公司利润的形式申报。实际上富人们的收入水平并没有变化；只是对于政策制定者来说，看起来似乎有所不同。

我们需要考虑的第三个因素是位于收入分配顶层的居民与底层的居民在消费束方面的区别。高收入群体会在劳动密集型的服务行业（例如投资建议、个人护理、家政服务等）花费很大一部分收入。而对收入较低的个人来说，收入的很大一部分会用于非耐用品的消费，比方说食物、衣服、鞋类和日化用品。目前的情况是，在过去 25 年中，相对于富人们消费的那些项目而言，低收入者经常消费的那些商品的成本有了显著的下降。**实际工资**的不断上涨推高了劳动密集型服务的成本；而与中国、印度以及其他发展中国家开展的国际贸易却使那些对低收入群体来说必需的日常用品的相对价格不断下降。总而言之，在过去的这段时间，收入分配顶层与底层居民所面临的**通货膨胀**的差异有效地消除了所有表面上的相对收入的差异。

底层居民的生活

然而，显而易见的是，很多生活在收入分配最底层的居民是很艰辛的，我们有必要去了解在他们身上究竟发生了些什么。有一点是很清楚的：在 1990—2007 年间，有大批移民涌入美国。新来的移民显然挣的比长期居民要少得多。当大量新移民被纳入了度量收入水平的样本之后，即使所有人的收入都在上升，平均收入也会有所下降。因此，移民会对社会底层的收入水平产生向下的压力。不仅如此，新移民进入劳动力市场后，还会增加低技能求职者的竞争压力。总的来说，新移民大概使那些高中就辍学的美国人工资水平下降了 4%～8%。尽管这一比例看起来不大，但是不要忘了这发生在那些原本收入就已经很低的人身上。然而，2007—2009 年的衰退却很可能让上述种种不利影响减轻甚至逆转，这是因为美国越来越糟糕的经济情况使很多近几年的新移民返回了自己的祖国。

公共政策也进一步降低了底层居民的收入水平。比如说，禁毒运动的开展使上百万人背负了犯罪记录，这种冲击对美国黑人的影响出奇地高。首先，他们的收入会越来越低。举例来说，从 1990 年开始，超过200 万的男性美国黑人由于严重的（重罪）毒品犯罪而在监狱服刑。当他们重返劳动力市场时，重罪记录会将他们排除在很多工作机会之外——不仅只是那些高级工作。一般来说，那些犯过重罪的人很难找到时薪超过 8 美元的工作。这就会导致他们的收入锐减，也就意味着会有更多的贫困问题。

然而，扶贫政策也有一点值得我们欣慰，那就是 1996 年实行的"福利改革"计划。在此之前，低收入家庭有资格无限期领取联邦政府名为"未独立子女家庭补助（AFDC）"的补贴。这一措施在 1996 年被"贫困家庭临时援助（TANF）"项目所代替。新办法对个人能够领取救济金的时间长度做了规定，并且所有的受助人都被给予一定的额外激励与帮助以提高他们的工作技能，从而能够进入或是返回**劳动力**队伍。对这一政策变化的全面影响的研究仍在进行中，但现在看起来这一措施在一定程度上确实提高了收入分配中最底层居民的收入水平。

尽管美国的贫困问题始终困扰着穷人和那些研究他们困境的学者们，从全球范围这个视角考虑这些问题或许会有所帮助。在其他工业化国家，比如日本和欧洲的大部分国家，有些（并不是所有）处于收入分配最底层的人会比美国的穷人生活得更好些。虽然这些国家的穷人们分得的国民收入的比例比美国穷人高，但是他们能够分配的国民收入总量却不及美国。因此，相比于美国，日本和德国最穷的 10% 的穷人平均收入要更高些，而英国、意大利等国则更低。

在发展中国家——也就是说，对世界上绝大多数人口而言——贫困的含义与它在美国所代表的内容截然不同。例如，在非洲和大部分亚洲地区，普遍的现象是：生活在收入分配最底层的居民每年只有 400 美元甚至更少的钱维持生存；而在美国，穷人们每年能够获得的收入在 10 000～15 000 美元之间。正如你在第 4 章所看到的，这种生活标准的巨大差异源自世界范围内法律与经济**制度**上的根本区别。在美国，正如其他很多工业化国家，这些制度能够给人们足够的激励使他们在工作中发挥自己的才能，同时也能保护他们的劳动果实不会被政府剥夺。因此，世界上最好的反贫困计划就是建立能够让每个人最大化发挥自身独特才能的制度环境。

◀◀ **思考题** ▶▶

1. 为什么大部分现代国家都致力于消除贫困？为什么我们不直接颁布一项法律，规定所有人都必须获得相同的收入？

2. 社会的"游戏规则"如何决定谁将是穷人而谁不是？（提示：严禁种族歧视的《民权法案》于 1964 年通过。该法案可能会如何影响非裔美国人相对于白人的收入水平？）解释你的理由。

3. 你觉得下列哪一项实物转移支付对受助者的"实际"收入提高最多？（a）免费的高尔夫课程；（b）免费乘坐公交汽车；（c）免费的食物。解释你的理由。

4. 考虑下列三种能够帮助穷人们改善居住条件的方法：（a）每年政府出资提供价值 6 000 美元的补贴住房；（b）每年分发价值 6 000 美元的住房**代金券**，仅限于租住公寓或住宅时使用；（c）每年 6 000 美元的现金。如果你是一个穷人，你会选择哪一种方法？你做判断的依据是什么？

5. 政府向穷人们提供救助（比如食品券或政府补贴的住房）的做法是如何改变对"穷人"的激励的？解释你的理由。

6. 划定**最低工资**水平的一个后果是减少了未成年人的就业机会。你觉得从长期看，这一措施会对这些未成年人的贫困率有什么样的影响？解释你的理由。

第 11 章　未来会通货膨胀还是通货紧缩？

　　2008 年夏天，在石油价格飞涨的大背景下，美国劳工部发布了一项令人震惊的数据：在过去 12 个月，**消费价格指数**（CPI）上涨了超过 5％，这是近 20 年来 CPI 指数的最大一次增长。但是仅仅过了几个月，美国的汽油平均价格就从每加仑超过 4 美元跌到了不足 2 美元。随着汽油价格的直线回落，初级产品（例如木材、金属、谷物等）先前所面临的**通货膨胀**压力也随之减小了。结果，在夏末秋初的时候，整体通货膨胀率几乎可以忽略不计了。实际上，在 2008 年底和 2009 年初的时候，总体消费价格水平是在下降的——也就是**通货紧缩**。这一重大转变发生得很突然，很快，各大网站与媒体从争相报道通胀问题转为争论当前持续的通货紧缩的未来前景。在我们梳理出未来需要面对的是通货膨胀还是通货紧缩之前，首先要确定我们需要讨论的问题是什么。

通货膨胀和通货紧缩的正式定义

　　通货膨胀被定义为所有商品平均价格水平的上涨，通常根据这些商品对一般消费者的重要性来分配权重。只有某一种商品的价格变化不能算作通货膨胀。如果 CPI 指数在 12 个月的时间内上升了 3％，我们可以说，相比于一年前，经过加权处理的美国产品和服务的平均价格水平上涨了三个百分点。（有时候你会接触到**核心通胀**这一概念，这是对除能源和食品以外的价格水平总体变化的度量。）

　　如果**价格水平**的变化率是负数而非正值，我们面临的就是通货紧缩——平均起来，价格水平是在下降而非上升。正如我们在简介里所说的，人们很担心通货膨胀，同时，他们也为通货紧缩感到紧张。我们忍不住想问：这些担心是否多余？

通货紧缩的不利影响

对我们的经济来说，通货紧缩是个麻烦的问题。其中一个原因在于，在和我们一样的现代社会中，绝大多数债务都是以美元计价的。当通货紧缩出现时，美元的**实际购买力**就会上升。对债权人而言这是一个好消息，因为以美元计算，这些债务能购买的产品和服务更多了（也就是实际价值增加了），这意味着借款人所欠的更多了。但是，出于同样的原因，这对债务人来说就是个坏消息。通货紧缩增加了债务人的实际负担。债务人所偿还的债务的实际购买力比他们当初借款时的购买力要高。实际上，在通货紧缩期间，经通货膨胀修正的利率（**实际利率**）会上升，给债务人带来额外的负担。尽管通货紧缩给债权人带来的积极影响与对债务人造成的不利影响有可能相互抵消，但实际情况却并非如此。通货紧缩可能导致很严重的经济混乱。

通货紧缩还有另外一个问题，它从不会平缓地发生。在大萧条期间，价格水平在连续四年的时间里平均每年下降 8%，但是随着时间的推移，这种通货紧缩却发生得一点都不规律。在有些年月，通货紧缩情况要比其他时间糟糕得多。不仅如此，对不同商品而言，通货紧缩的程度也是不同的。比如说，住房价格就比服装价格下降得要多。正是由于通货紧缩的不稳定性和难以预测性，无论是个人还是企业都不得不花费大量的时间和精力去预测产品和服务价格的走势及变动的时间点。如果没有通货紧缩，他们可以把这段时间用来生产更多的产品和服务。通货紧缩使美国这个经济体中原本可以用来**消费**的产品和服务变少了。

通货膨胀的代价

通货膨胀与对人们手中的钱——包括**货币**和**活期存款**——征税类似。为了使用方便，我们所有人都会持有一定的货币和活期存款。也正是因为如此，当通货膨胀发生时，由于手中货币的购买力因通胀率而下降，我们都会损失一部分**财富**。

假设你钱包里有 20 美元的应急现金，也就是说，你不打算在近期把它花掉。如果在一年后，价格水平上升了10％，以打车费或者三明治的价格计算，这20美元的购买力就只相当于现在的18美元。你将会损失的财富等于10％乘以你钱包里的货币数量。

从根本上说，我们持有的货币的购买力，或其实际价值会在通货膨胀时贬值。避免被征收这种**通货膨胀税**的唯一方法是减少手头持有的货币。但是这并不是一件很容易的事。持有一定的现金会很方便，也更具有效率，一定的现金能够让我们在需要什么东西的时候就能直接付款，而不是一发工资就立刻购物以尽量减少我们的活期存款和钱包里的现金。

因此，通货膨胀让整个社会付出的代价是，它增加了持有货币的成本。对社会整体而言，我们在通货膨胀期间使用的现金显得非常少。这对货币流通会有很大的影响，毕竟随着价格水平的每一次上涨都对应着货币实际价值的下跌。通货膨胀税对活期存款账户上的钱影响会小一些，这是由于大部分账户都会为存款支付一定的利息，并且**名义利率**会随着预期通货膨胀率的上升而上升。

这里，我们还需要强调，通货膨胀期间也存在着类似通货紧缩时一样的预测问题。通货膨胀同样不会在不同时间、不同商品上均匀地发生。因此，在通胀时，个人和企业不得不花时间推测通胀率可能的变化情况。这意味着他们生产消费品的时间就缩短了。

通货膨胀、通货紧缩和货币供应量

纵观整个世界史，价格水平变化与**货币供应量**，即货币流通量的变化之间存在着长期稳定的关系。二者变化的步调在短期内并不会显得那么一致，但是二者之间的关系确实存在。通常，在较长时间里，持续的通货膨胀或者通货紧缩总是能引起极大的关注。

对于一国的货币供应量的定义有很多种。从我们的角度考虑，货币供应量包括流通中的现金和账户里可以用来交易的资金，例如借记卡的额度。如上所述，货币供应量的变化和总体价格水平的变化之间存在可以预测的长期关系：货币供应量的持续、快速上升会导致通货膨胀，而货币供应量的持续缩减会引发通货紧缩。举例来说，**美联储**实行的**扩张**

性货币政策使货币供应量在 2001—2002 年短期的**衰退**之后迅速增长。这一次货币供应量的扩张一直持续了 10 年。因此,通货膨胀率的悄然上升也就不足为奇了:从 2001 年时的 1.6% 一路攀升到 2007 年超过 4%。并且,随着通货膨胀率的上涨,人们对经济前景的担忧也在蔓延。

通货紧缩问题的前景与核心

有关通货膨胀的讨论在 2008 年夏天戛然而止,一部分原因在于汽油和商品价格的骤然下降给有关通货膨胀的话题泼了一盆冷水。但是 2008 年的金融恐慌还是让人们对于未来价格走势的变化敏感了起来。

实际上,整个华盛顿地区以及金融界突然开始担心通货紧缩了。哥伦比亚大学的弗雷德里克·米什金教授(Frederic Mishkin)就说:"如果通货膨胀率比预期突然锐减,通货紧缩的风险就会随之升高。"不仅如此,根据美国企业研究所研究员德斯蒙德·拉赫曼(Desmond Lachman)的观点,"一次长期并且严重的衰退可能引发人们对于类似日本经济所遭受的那种通货紧缩的恐慌。"拉赫曼所指的是 20 世纪 90 年代,日本所经历的那段价格水平始终不变或下降的时期(有些经济学家将这段时期称为日本"失去的十年")。

然而迄今为止,有关通货紧缩的所有担忧都没有变为现实——我们对未来是否会发生通货紧缩也表示怀疑。在多种政策选择中,美联储针对 2008 年的金融恐慌实行了更为宽松的信贷政策,向经济体注入了大量货币。最初,银行并不情愿将这些新到手的资金贷出去,所以在 2009 年和 2010 年通货膨胀的压力很小。但是如果美联储未能在经济有所复苏的时候及时将金融体系中的这些资金抽出,通货膨胀问题即将来临。

无论现在有关价格下降的预测有多么骇人,我们的结论是,通货膨胀就在不远的未来等着我们。最终,美联储在 2008—2010 年实施的信贷扩张计划使得货币供应量的增长成为现实。随着经济增长的加速,银行会把大量**超额准备金**投入市场。货币供应量会逐渐上升,社会对产品的需求也会增加,通货膨胀水平也会相应提高。因此,我们敢说当你读到这些文字的时候,有关通货紧缩的讨论早已不见踪影,因为通货膨

宏观问题经济学（第五版）

胀已经再次回到我们的生活中。

◀◀ 思考题 ▶▶

1. 2008 年，当每桶原油的价格快速增长时，所有关于油价飞涨的新闻报道都持负面观点。而当油价在当年晚些时候下降了超过 50% 时，媒体的评论少了很多，但仅有的那些评论仍然是负面的。这些负面评论关注的焦点是担心未来对于石油的勘探力度会不足。一种商品的价格上涨是不是真的可能变成"坏消息"？同样，该商品价格的下跌有没有可能也是"坏消息"？

2. 如果通货膨胀率的变化能够被预测，消费者和企业有什么办法能够免受货币购买力的损失？

3. 哪些人最容易遭受未预料到的通货膨胀的影响？为什么？

4. 在 2010 年的大部分时间，尽管价格水平开始上升，有关通货紧缩的讨论仍在持续。看起来好像人们更愿意生活在一个价格水平上涨的世界，而不是价格下降（或者保持不变）的世界。你能否给出解释，为什么相对于通货紧缩或者不变的价格水平，人们更偏好于通货膨胀？

5. 在 2008—2010 年间，美联储增加了一倍的基础货币，这足以长期将经济体中的货币供应量提高一倍。考虑到货币供应量与价格水平之间的长期稳定的关系，如果其他条件不变，你预计未来价格水平会上升多少？

6. 2009 年，美联储开始向银行所持有的准备金支付利息。但是美联储没有想到的是，银行对此的反应是宁可持有大量准备金，也不愿意把资金贷出去。你能否给出一条可以让银行贷出更多准备金的政策建议？如果你希望它们向潜在的借款人放出更少的贷款，你会怎么做？解释你的理由。

第 12 章　实际值，还是名义值?

　　每隔几年，一些重要的商品（比如汽油、电力、食品等）的价格就会飙升一次。日复一日地，记者们总是盯着这些商品的价格上涨不放，并且这种新闻也总是以恰到好处的标题充斥在报纸、杂志和网站上——有时甚至是连续不断的。电视评论员经常采访那些对生活感到焦急和忧虑的美国人，而后者总是滔滔不绝地谈论着为应对那些预算中重要物品的价格上涨，可能会采取的消极措施。看起来，好像世界末日快来了一样。

油价真的很高吗?

　　让我们仅以一项经常出现在媒体报道中的商品——汽油的价格为例进行说明。你所读的这本书的作者年纪很大，能够记得 20 世纪 80 年代当汽油价格史无前例地突破每加仑 1 美元时的电视访谈节目。同样的访谈节目在 2005 年初油价突破 2 美元大关和 2007 年油价一度超过 3 美元时再次出现。毫无疑问，当 2008 年夏天，汽油价格超过每加仑 4 美元时，这样的访谈节目又一次卷土重来。尽管这几次油价大涨之间相隔了很多年，但每一次被采访对象的反应几乎都是一样的："我想我以后不会再开车了"；"我会买辆自行车"；"我会把这辆车卖掉换一个小排量的"。当然，每一次都少不了报道那些涌向当地小型摩托车经销商的人群（或潜在人群）数量。

　　如果我们想理性地分析这个世界上任何一种产品或者服务的价格提高之后对于需求数量和供给数量的影响，我们就绝对不能依靠媒体报道或者听被采访的那些美国人的话。毕竟，最重要的不是人们怎么说，而是人们在如何做。作为经济学家，我们了解消费者最好的方法是通过他们的**显性偏好**。与之类似，商业人士的所作所为才是理解他们的最佳途径，而不是他们的言语。人们怎么做体现在当一样产品或服务的价格上涨了之后，他们还会购买的数量上，而不是体现在他们对电视台记者的

宏观问题经济学（第五版）

抱怨，在博客、脸谱网上发布的牢骚上。

相对价格、名义价格以及通货膨胀

不管是在微观经济学还是宏观经济学分析中，相对价格指的都是一种商品相对于其他商品的价格，这是因为人们在做消费决策时，依据的都是**相对价格**而非**名义价格**。后者只能告诉你，为了获得某一件商品，你需要支付几张钞票（美元纸币）。名义价格并不能告诉我们，为了获得一些商品，我们必须放弃的东西（以其他产品和服务作为衡量标准）。而相对价格却能够反映出得到一件商品的实际代价，因为它能告诉我们相对于另一样产品或服务，甚至是所有其他产品的平均价格，该商品的价格。相对价格能够告诉我们需要牺牲多少其他商品的消费。

换种说法，我们需要把**通货膨胀**，即一般价格水平的上涨和某一特定的产品或服务的名义价格上涨区分开来。如果所有商品的名义价格都恰好上升了 3%，那各项商品的相对价格将保持不变。这 3% 的通货膨胀率不会改变我们为获得任何一样特定商品所必须做出的牺牲。在真实世界里，即使是在通货膨胀期间，一些商品的价格比其他商品涨速要快，甚至还会有一些商品的价格是下降的——比如说计算机的运算能力、DVD 播放机、MP3 播放器等。然而，如果我们想要预测人们的行为，我们必须了解商品的相对价格发生了怎样的变化，为达到这一目的，我们必须根据通货膨胀进行调整。

调整后的汽油价格

现在让我们回到有关汽油价格的例子上。你的祖父母也许会谈到他们那个时候汽油价格才 30 美分一加仑（在 1956—1964 年间，这是汽油的平均名义价格）。今天，你为每加仑汽油所付的钱是这个数字的数倍。不管怎样，人们还是在开车——实际上，如今美国小汽车和卡车的汽油消耗量是名义油价为 30 美分的时候的三倍。这其中一定是有什么事情发生了。而最重要的"事情"就是所有商品价格水平的上涨，当然，也包括汽油价格在内。

2008 年夏天，汽油价格超过了每加仑 4 美元。一位总统候选人喊出的口号是，政府必须干预汽油价格以"减轻家庭负担"。当时在美国有 2/3 的投票者说他们认为汽油价格是"很重要的政治问题"。（当然，当汽油价格从 2008 年秋天开始暴跌时，没有几家报纸的头版或新闻评论会报道有关消费者笑逐颜开的场面，而政治家对此也只是保持沉默。）尽管如此，按照 2009 年初汽油的名义价格，在剔除了总体通货膨胀之后，其相对价格甚至跌到了 20 世纪 60 年代的水平。对很多人来说，这是一个令人吃惊的消息。但是剔除通货膨胀的影响对我们理性分析一段时间内任何商品的价格来说都至关重要。我们通常讨论某一种产品或服务的**实际价格**，指的是一段时间内从名义价格中扣除了通货膨胀因素之后的价格水平。毫无疑问，当我们说**实际收入**时，也需要对**名义收入**做同样的减法。

越来越高的可支配收入至关重要

在考虑汽油的实际负担时，另一个因素也尤为重要。随着时间的推移，人们的生产力水平会越来越高，这是因为越来越高的教育水平和日新月异的科技进步能够让我们在有限的时间内创造更大的价值。越来越高的**生产力**带来的一个后果是，美国消费者的**可支配收入**几乎也在年复一年地不断增长——显然，从长期来看，其平均值也会上升。随着美国的人均收入水平越来越高，他们自然能够承受那些他们想要消费的商品价格的上升，而汽油就是其中之一。

为了让我们更好地理解这个道理，研究人员英杜尔·高克兰尼（Indur Goklany）和杰里·泰勒（Jerry Taylor）开发了一套"负担能力指数"。他们把从 1949 年到 2008 年间的家庭收入和汽油价格进行比较。将 1960 年二者的比值人为设定为 1，某年指数大于 1 就意味着商品变得更容易负担了。即便在汽油价格达到 4.15 美元一加仑的时候，汽油的负担能力指数也达到了 1.35。换句话说，2008 年的人均可支配收入与汽油价格的比率比 1960 年高出了 35%——实际上，如今汽油比 20 世纪 60 年代祖辈们以每加仑 30 美分的价格给他们的卡车加油时变得更容易负担了。对某些人来说，这简直难以置信，但这就是事实。随着油价在

宏观问题经济学（第五版）

2008 年末开始下跌，汽油的负担能力指数变得更高，甚至一度超过 2，这意味着 2009 年初汽油的负担要比 1960 年时减轻了一半。随后，2011 年油价的回升也只是让汽油的负担比 1960 年高出 50%而已。

产品质量的变化

汽油的质量并没有随着时间的推移有太大的改变。但是其他一些产品的质量却有显著的变化，一般来说是越变越好。我们在比较某种产品或服务在一段时间内的价格变化时，经常会忘记这个非常重要的一点。如果你去问一位年龄较大的公民，他们买的第一辆车大概要多少钱，你得到的答案很可能在 2 000~5 000 美元之间。而现在，一辆新车的平均价格大约在 3 万美元（以名义价格衡量）。现在你应该知道，如果要比较这些数字，无论我们考察的是哪一段时间，通货膨胀的影响都应该首先被剔除。在这个例子中，通货膨胀调整后的价格仍然意味着汽车的相对价格比大约 50 年前上涨了 50%。

这真的意味着现在的一辆汽车比 20 世纪 60 年代时要贵了 50%吗？也许并非如此。我们必须考虑与过去相比汽车性能的提升。如今（而不是 50 年前），一般来说，汽车都有如下一些配置：

- 电脑控制的防抱死刹车
- 动力转向
- 带有 CD 播放器或 MP3 功能的数字收音机
- 空调
- 带钢圈的子午线轮胎
- 导航系统
- 电动车窗和电动锁
- 安全气囊
- 节约 50%的能源消耗

汽车改良的新特性还有很多。总的来说，如今汽车比以前更安全了，熄火的次数更少，修理的次数也更少，有些配置甚至是 50 年前无法想象的，甚至车本身的最大里程数也比以前提高了一倍。如果你在调整通货膨胀影响的时候也扣除了这些性能的提升，不论你去商场买车时对汽车的标价有多么"震惊"，汽车的相对价格在过去的 50 年间，几乎是显著下降的。也就是说，和表面看起来恰好相反，根据通货膨胀调整后的汽车的**同一质量价格**实际上比 50 年前要低。

下降的名义价格

即便是那些名义价格持续下降的商品，我们仍然有必要根据通货膨胀和产品质量对其进行调整。一个极佳的例子是电脑的运算能力。即便不考虑过去几十年里的总体通胀水平，平均来说个人电脑的名义价格也是在持续下降的。近些年，基于 Windows 操作系统的台式电脑价格大约在 500 美元。而一台笔记本的平均价格要略高于 600 美元。十年前，无论笔记本还是台式电脑的平均价格至少都是现在的两倍。你或许会武断地认为个人计算机的价格下降了 50%。但你错了，价格实际上下降了 50% 以上。

为什么这么说？主要有以下两个原因：首先，在过去的十多年间，所有商品的平均价格上涨了 30%，也就是整体通货膨胀的水平。这就意味着，个人电脑的相对价格平均下降了 2/3，显然比 50% 要多。但是这里我们还遗漏了一些非常重要的因素：你所购买的产品的质量——计算机的运算能力——有了非常大的飞跃。现在电脑处理器的平均速度要比十年前至少高了 10 倍，并且还在以几何级数增长。不仅如此，电脑硬盘越来越大、显示器从老式的笨重的显像管变成了平面液晶显示屏、笔记本变得更加轻巧、内存也越来越大——还有许多其他改进。并且，不论今天有些人对个人电脑的硬件和软件有多么不满意，一些很早就开始用电脑的人能告诉你，相比于十年前，它们都已经非常可靠了。因此，如果你只关注通货膨胀调整后电脑价格的下降，你可能会低估了电脑相对价格的真实下降情况，

本小节的寓意非常简单。以前读书时，你可能听说过"有涨必有跌"。现在你应该知道当涉及商品价格时，现实情况经常是"那些涨价的实际上是降价了"。如果你想要理解消费者和企业的行为，这是你应当牢记的一课。

◀◀ 思考题 ▶▶

1. 建立一份产品（或服务）的名单，上面的产品质量随时间推移有所提高，但是其价格即便是经过通货膨胀调整后也不能反映出它们的真实价格。然后，试着再列一份名单，里面的产品质量随时间推移逐步递减。你能说明为什么第一份名单要比第二份容易列举吗？

2. 当 2008 年夏天汽油价格开始上涨时，市场对小引擎摩托车的需求量突增。预测这种交通工具的需求量在未来两年（从现在开始算）的变化情况。解释你的答案。

3. 为什么关注人们所面临的激励要比关注他们所说的打算更能让我们做出更准确的预测？

4. 当汽油价格从每加仑 2 美元涨到 4 美元时，媒体评论员的观点似乎是人们都得因此住进收容所。但是实际情况却有所不同：汽车行驶的年公里数平均在 1.2 万英里，而每 24 英里就需要一加仑汽油。如果汽油价格每加仑上升 2 美元，人们并没有减少开车，那么司机们的平均"实际"收入会因为油价这样的上涨遭受多大的损失？假定人均收入大约是每年 5 万美元，以百分比表示，收入的变化是多少？给出你的计算过程。

5. **需求定律**的一个含义是，消费者因价格上涨所遭受的损失永远要小于价格上涨的幅度与涨价前商品的消费量的乘积。解释其原因。

6. 需求定律也表明，一种商品降价能够给消费者带来的好处总是大于价格下降的程度与降价前商品的消费量的乘积。解释其原因。

第三部分

财政政策

第 13 章　刺激对你有影响吗?

乔治·布什(George Bush)支持一项法案,巴拉克·奥巴马(Barack Obama)也提出了一项法案。最终国会两院的共和党人和民主党人达成一致,通过了这两个法案。以此为支撑,一揽子经济刺激方案应当有利于经济恢复,对吧?但是,现实可能并非如此。让我们看一看这是为什么。

一揽子刺激

美国(或者其他国家)政府实施的所谓一揽子经济刺激计划通常都含有如下两个要素:更高的政府支出和更低的政府税收。这种刺激方案的一个后果是政府**赤字**的规模上升,暗含着**国债**的扩大。然而,更高的负债不过是一揽子刺激计划的一个副作用。刺激方案的目标在于增加经济体的总支出,提振就业,降低失业率。

一揽子刺激方案的提案通常出现在经济衰退时,尤其是在国内生产总值(GDP)一蹶不振、失业率居高不下时。乍一看,政府的刺激计划似乎正是我们在危机时想要的。毕竟,政府支出是 GDP 的一部分,根据定义,政府的开销越大,GDP 的水平就会越高。并且由于政府购买的东西(比如为修建高速公路而采购的水泥)会带来就业机会,看起来更多的人就能因此获得就业机会,从而降低失业率。另一方面,如果刺激方案是以税收减免的方式实施的,就会增加消费者手头的**可支配收入**,其中的一部分甚至全部都会再被他们花费出去。同样,产品和服务就会增加,失业率也会下降。不管是从哪一方面考虑,政府的刺激计划似乎都能确保经济复苏。然而,在我们得出正式结论之前,还是应该进行更仔细的研究。

减税

首先让我们看一看经常出现在一揽子刺激计划中的税收减免。为

宏观问题经济学（第五版）

此，假设我们将政府支出固定在现有水平，并减少现在对公民的征税额。一提到"减税"，人们就会想到这样的举措。然而，为全面了解减税的作用，我们必须仔细研究它是如何操作的。举例来说，在"2008年经济刺激法案"中，减税的方式是**一次性退税**。所有符合条件的人无论收入高低都会收到 300 美元，另外每抚养一个孩子还将收到 300 美元。① 与此不同的是，20 世纪 60 年代的肯尼迪总统、80 年代的里根总统以及本世纪初的布什总统所推动的减税政策都致力于降低纳税人的**边际税率**，也就是减少对每一美元额外收入的税收。此举不仅减轻了个人的**税务负担**（应缴税总额），同时也会激励人们更努力地工作、生产更多产品，从而能够获取更多收入，因为纳税人可以从获得的收入中留下更大的份额。

无论减税政策是如何实施的，显然，如果政府需要支付各项开销的话，至少在最初的时候必须举债，从而产生预算赤字。但是，除非确信贷款能够得到偿还，否则贷款人是不会借出资金的。而政府清偿贷款的唯一方法是在未来征收更多的税，多到足够偿还债务的本金和利息。

现在，我们明白通过减税的方式刺激经济的问题所在了：今天的减税意味着明天更大程度地增加税收。在政府支出水平一定的情况下，税收其实不可能减少，最多是在不同时间段内进行转移。因此，尽管"减税"提高了当前消费者手中的可支配收入，但同时也给他们增加了更重的债务负担。对以退税方式进行的减税措施来说，这就是最终结果。那些增加的债务负担会影响消费者今天的消费决策，因此我们很难相信消费者会在今天增加支出。消费者很可能保留增加的大部分可支配收入（并且通常也是这么做的），为即将到来的税收的增加做好准备。当然，消费者可能不会这样考虑税收的变化。但关键是他们的做法。实际上，很多消费者的行为方式就好像他们清楚现在税收的减少会在未来给他们带来更大的税收负担。因此，无论从哪个角度看，类似 2008 年经济刺激法案这样的退税措施都不能起到显著刺激经济的作用。

---

① 对年收入超过 7.5 万美元的个人和夫妻双方年收入之和超过 15 万美元的家庭来说，退税的额度几乎为零，因此对他们来说不存在一次性退税。这实际上会挫伤他们的工作积极性，并且可能降低实际 GDP。但是这种影响似乎很小，毕竟金额并不大。

边际税率的下降则能给人们以希望。虽然我们仍不指望税收在不同时间的转移会让人们掀起消费热潮,但边际税率的降低具有另一个特性。这会激励人们更努力地工作、生产更多的产品,并且由于收入留存的比例更大而获得更高的收入。此类减税法的这一特性能够有效刺激经济,只不过是从供给方(提高劳动供给)而不是需求方着手。

开支增加

那么,一揽子刺激计划中的另一半——更高的政府支出又会如何呢?为了弄清这个问题,我们首先需要分清两种不同类型的政府支出:一种支出会替代私人消费而另一种则不会。举例来说,政府在教育上投入颇大(从小学、中学直至大学),但是个人也是如此。这里政府开支代替了私人开支,当政府在教育上的投入变多时,个人的投资就会减少。这种私人开支此消彼长的变化显然会削弱政府投资的刺激效果。实际上,包括教育在内,有些情况下,所有增加的政府支出都会被降低的个人支出所抵消。这时,刺激的效果显然为零。

当然,大量的市政工程并不会直接与私人支出竞争。举例来说,大部分国防开支(例如阿富汗战争的开销)就不会与私人支出相抵触。同理,那些所谓的基础建设投资,比如高速公路与桥梁建设等,与私人支出只有很少的重叠。因此,当政府在国防和基础设施建设方面加大投入时,私人支出不会出现同等金额的减少,这不同于教育等领域。然而,对私人支出潜在的间接影响却是不可避免的——这种影响会在很大程度上削弱政府支出的刺激作用。让我们看一看其中的原因。

间接抵消私人支出

正如上文所述,政府的真正负担在于其开销。税收不过是决定谁将承受这种负担的方式。因此,当其他开支保持不变时,国防和基础建设投资上升,税收就一定会增加,不是在现在就是在未来。由于消费者了解这一情况,所以他们会以降低当前开支的形式为此做好准备。这就会削弱政府提高支出的整体刺激效果。

宏观问题经济学（第五版）

政府增加支出还有另外一个潜在的抵消反应。如果政府是通过举债而非提高税率的方式为维持高额开支融资，市场就会对利率产生向上的压力。而更高的利率水平会降低耐用消费品（比如住房、汽车等）对消费者的吸引力，从而抑制企业投资的获利水平。因此，如果政府的财政赤字推高了利率水平，个人消费与投资支出就会减少，进而削弱预期的刺激效果。

推迟支出

尽管看起来令人吃惊，但在刺激消费的道路上，仍有另外一个障碍——时间。抛开那些新闻标题中所谓的"即将开始的"项目和"立即行动"不谈，一揽子刺激计划中的增加开支部分总是会被延后实施。让我们看一个简单的例子。2009年初由奥巴马总统推动、在国会获得通过的经济刺激法案中有一部分规定，超过12个州将获得联邦政府资金用于建设或延长轻轨交通系统。最终，有两个州（威斯康星州和俄亥俄州）发现，联邦政府的投资不足以弥补建设成本。因此，两个州拒绝接受这笔资金用来修建轻轨系统，并希望联邦政府能够批准将该款项用于修整和扩建公路桥梁。实际上，在2010年末（一揽子刺激计划颁布近两年后），奥巴马总统决定将那些之前被州政府拒绝接受的资金重新分配给那些同意修建轻轨的州。但直到2011年，这笔轻轨建设资金仍有很大一部分尚未支出，而2009年一揽子刺激计划中数十亿美元的其他专项资金也同样如此。

当然，并非所有支出都被推迟了这么久（尽管有些支出被推迟的时间可能更长），但是问题已经显而易见了：尽管政治家们总是鼓吹需要"立即行动"，但是这条路是走不通的。实际上，在过去约50年的时间里，大部分旨在刺激经济走出衰退的政府支出都是在衰退结束之后才真正花了出去。

几乎不存在的刺激

2009年，作为奥巴马总统的第一项立法，《美国复苏与再投资法》

受到了媒体的极大关注，这很大程度上归因于其规模——总值高达
8 620亿美元。但是，它对于总需求的作用却微乎其微。其中一个原因
是该项法案的很大一部分内容是向州政府与地方政府拨款。法案的支持
者相信这笔资金会迅速被接受者花费在各式各样的新建工程上，从而有
效刺激经济。实际上，州政府与地方政府几乎将所有拨款用于偿还债
务。因此，背后的运行机理是这样的：联邦政府借债（在最初的两年，
大约每年举债1 200亿美元），将这笔资金发往各个州，地方政府减少
了1 200亿美元的负债。实际结果是：联邦政府负债上升，州政府与地
方政府债务下降，总支出保持不变。

《美国复苏与再投资法》的另一个看点是在基础设施——公路、桥
梁等等建设上的巨额投入。事实上，该法案本身要求的此类资金投入绝
不超过总规模的10%，然而在法案通过后的两年，仅有很小的一部分
资金真正被花了出去。实际上，至少在整个2010年，该法案对刺激政
府在产品和服务上增加消费几乎完全没有效果。在《美国复苏与再投资
法》实施以来的21个月里，政府对产品和服务的采购仅仅增加了240
亿美元，基础建设投资只不过上升了30亿美元。对于一个14万亿美元
的经济体来说，这实在是微不足道。

经济刺激可行吗？

正如你所意识到的，我们的总体结论是：除非边际税率下降，否则
一般情况下我们不指望政府的一揽子刺激计划能够对经济有多大的刺激
作用。一次性退税其实并不能降低税收水平，而私人支出的下降则会抵
消部分乃至全部政府支出提高的影响。但是注意这里我们所说的是"一
般情况下"。在一些特定的条件下，经济刺激计划的确能够做到名副其
实。然而，这种情况并不常见。实际上，它们唯一一次发生作用是在大
萧条（1929—1933年）时及其刚刚结束后。

1929—1933年间总需求持续下降使得整个经济体的总产量下降了
30%，失业率上升至史无前例的25%。到1933年经济进入谷底时，很
多人已经持续多年找不到工作，无数家庭只能勉强糊口度日。他们都**缺
乏现金**。只要他们的收入有一美元的变化，他们的支出就会相应变化一

宏观问题经济学（第五版）

美元。因此，当联邦政府开始提高所谓的"救济"支出时，大部分人一点也不担心未来税务负担会加重。不仅如此，大多数政府支出都花在了不会直接与私人支出相竞争的项目上（比如兴建胡佛大坝、邮局及其他公共建筑等）。

这些背景条件意味着政府在 20 世纪 30 年代所施行的投资刺激政策不仅增加了总支出，而且让人们重新开始工作。实际上，正是在这一时期，刺激性消费的作用才开始得到经济学家和政治家的认可。但是，20世纪 30 年代的情况是很极端的。从那以后没有任何一次衰退的严重程度能够与之接近，无论是 1981—1982 年的那一次还是 2007—2009 年的这一次都与之相去甚远。不仅如此，自从 20 世纪 30 年代以来，信贷市场已经有了长足的进步。现在人们都有多张信用卡和一定的信用额度，因而在收入下降时他们仍然能够维持以往的消费水平。当然，随着失业期的延长，最终他们的积蓄会耗光。不过好在最终会落得如此窘迫的人非常少，即使是在经济衰退时也是如此。结论就是，像 20 世纪 30 年代时那样的经济刺激效果是难以复制的，除非再一次遭遇大萧条。

所以本章旨在说明，如果你没有感觉到联邦政府的经济刺激计划或减税方案对你有所影响，不必觉得孤立，因为和你感受相同的大有人在。

◀◀ 思考题 ▶▶

1. 为什么政治家总是热衷于鼓吹这一概念：提高联邦政府支出就能降低失业率？

2. 如果通过减少税收就能降低失业率，为什么我们不直接实行零税率，或者至少在经济衰退时把税率降为零？

3. 在第二次世界大战期间，联邦政府支出占经济体总支出的比例从战前不足 10% 一跃上涨至大约 50%。这是如何发生的呢？换句话说，哪些支出的下降使得联邦政府的支出比例几乎翻了 5 倍？

4. 很多人认为失业救济金（即政府向失业者发放的现金）能够有效刺激经济复苏。其推断的逻辑在于：如果没有这些救济，失业者的收入水平就会下降，从而他们在产品和服务上的消费就会减少。不过需要注意的是，失业救济最多不会超过人们正常工作时收入的 40%～50%。

回答下列问题:

（a）失业救济金会如何影响对就业的激励?

（b）失业救济金有没有可能造成经济体中的实际支出下降? 解释你的理由。

5. 如果现在以一次性退税的方式进行减税,政府为清偿债务而提高税率之前的这段时间的长度是否会影响消费者的行为方式? 回答问题时要考虑到,税收增加的时间越迟,累计的债务利息就会越高。

6. 以下哪种人最有可能把眼前税收的减免当作真正的减免:有好几个年幼孩子的年轻工人,还是没有子女的退休人员? 解释你的理由。

第 14 章　医疗改革

"没有什么比你的健康更重要"这个老套又不失真实的说法如今应该被替换为另一种："没有什么比谁支付医疗保险和医疗费用更重要"。美国医疗保险和分配体系最大的变化发生在 2010 年，这一年美国实行了医疗"改革"，成本是巨大的。美国人把每年全国总收入的 17％ 花在了医疗上——是世界上医疗花销最多的国家。

没有保险的人怎么办？

那么那些因为缺乏医疗保险而被排除在医疗体系之外的人怎么办？关于医疗改革的争论中最常见的说法是 15％ 的美国人没有保险，但像你在政治辩论中听到的许多数字一样，这个数字需要打一个（有时是很大的）折扣。在美国 4 500 万据说有医疗保险的人中，大约有 1 800 万的人年龄在 18～34 岁之间，这是一个医疗花销远低于平均数的群体。大约有 1 200 万人完全有资格享受公共提供（或支付）的医疗保险，但他们却选择不接受。在所有没有保险的人中，一半人只是在一年中的某些时间内没有保险。底线是只有大约 3％（不足 1/30）的美国人可能急需医疗保险，然而却不能持续地获得。对于这些人而言，缺乏保险是生活中的一个麻烦而可怕的事实。但一定要记住，这个群体的人数与人们随口所说的人数相差悬殊。

美国的医疗开支在上升

50 年前，美国的医疗花销甚至不到全国收入的 6％，而今天是 17％，公共支出和私人支出大约各占一半。毫无疑问，就在此时此刻，美国的医疗成本还在继续上升。医疗成本飞速上涨至少有四个原因：

1. 人口老龄化

使用医疗最多的 5％ 的人占用了超过 50％ 的医疗成本。老年人（都有医疗保险保障）是医疗使用最多的人。所以，随着人口老龄化，我们在医疗上的花销将变大，这并不奇怪。目前，大约 13％ 的美国居民超过了 65 岁。到 2035 年，这个比例会增加到 22％。如果老年人的人均医疗消费超过了其他人的 4 倍，对医疗服务的需求量注定会随着人口老龄化而上升。

当然，西欧、加拿大、日本和其他工业化国家的人口也在上涨。但那里的老年人在推动医疗成本上升中所扮演的角色并没有美国的老年人这么显著。原因很简单，在那些其他国家，老年人可以使用的医疗受到了严格的限制。这完全不同于美国的医疗体系，美国允许每个老年人随意选择医疗服务。

2. 技术更加昂贵

医疗技术的每一次进步都会带来更昂贵的设备和处方药。一个磁共振成像（MRI）扫描仪的成本至少是 200 万美元。一个正电子发射断层（PET）扫描仪的成本超过了 400 万美元。这些机器每使用一次，每个程序的费用最高可达 2 000 美元。治疗癌症的新药品一个疗程的费用会轻松突破 250 000 美元。医药上的创新在提高美国医疗质量方面扮演了一个重要的角色，而在医药上的创新和花销都不会停止。所以，仅设备和药品的改进就会导致医药花销不断增加。

3. 当其他人付费时

政府（通过**医疗保险和医疗补助计划**）和保险公司分担医疗费用，超过 80％ 的医疗费用都是由其他人——**第三方**支付的。只有不超过 20％ 是由个人直接支付的。以前却并非如此。在 1930 年，第三方只支付了医疗花销的大约 4％。

当其他人为医疗服务付费时，我们就会遇到**道德风险**问题：当第三方支付医疗费时，对医疗服务的需求量就会增加。你可能认为人们不会对医疗服务的价格做出反应，但他们的确会。1965 年医疗保险生效后，联邦政府对医疗服务的补偿数额比该项目成为法律时预期的高出了 65％。2003 年保险所涵盖的处方药的范围更新后，老年人在处方药上的花销达到了预期的 2 倍。

考虑一个例子：如果你有一份支付全部费用的医疗保险，那么你就几乎没有任何动机来减少医疗购买量。每次流鼻涕为什么不去看医生

宏观问题经济学（第五版）

"以防万一"呢？相反，如果医疗费用的首个 1 000 美元你要自掏腰包，然后保险公司（或政府）才会开始支付，你的反应就会不同。至少，你会从事更健康的活动，有了小病也不会轻易去医院。医院里的医师也面临着道德风险：如果每个流程他们都会得到保险公司或政府的补偿，他们会倾向于要求病人做更多的检查"以防万一"。那意味着我们为医疗支付得更多。

4. 肥胖

疾病控制与预防中心（CDC）估计几乎 1/3 的美国人都患有肥胖症。而 50 年前肥胖并不常见。CDC 估计美国医疗的总费用有大约 10% 都用于肥胖的治疗。这些花销的一半由医疗保险和医疗补助计划来支付。肥胖人群的许多花费都与肥胖引起的 II 型糖尿病（一种在美国以创纪录的速度上升的疾病）有关。随着肥胖人数的增加，医疗费用也会增加。（关于肥胖增加的原因，见第 3 章。）

医疗改革能否拯救？

美国国会发生了对医疗改革的激烈争论，直到 2010 年奥巴马总统签署了新的医疗法案，争论才得以平息。简要回顾这个几千页的新法律的主要内容后，你会看到并非所有承诺的结果都会实现，特别是"节节攀升的医疗费用会降下来"这个承诺更是难以实现。

下面是对联邦政府的新国家医疗计划的简要总结：

1. 医疗监管

医疗保险公司一定要覆盖每一个申请保险的人，包括那些之前存在医疗问题的人。（正如下面所解释的，这个新规则将给年轻人带来巨大的压力和高昂的成本。）

2. 个人强制医保

生活在美国的每个人一定要购买医疗保险，否则就得每年为个人缴纳 750 美元或为家庭缴纳 2 250 美元的罚金。（已经有 21 个州在联邦法庭上对强制医保提出了抗议。）

3. 雇主强制支付令

超过了 50 名雇员的公司一定要缴纳医疗保险，否则每年要为每个得到联邦补贴的员工缴纳 750 美元的罚金。

4. 医疗保险补贴

向低收入人群和小公司提供各种补贴和税收减免。

5. 高额税收

向总收入超过 20 万美元的个人和超过 25 万美元的夫妻征收 3.8% 的特别税率。

道德风险问题将会加剧

我们已经知道当第三方支付医疗费时，道德风险问题就出现了。医疗改革会加剧道德风险。一旦国家医疗计划完全生效，数千万的美国居民个人将支付比之前更低比例的医疗费用。相应地，他们为医疗服务支付的直接价格会下降。结果，对医疗服务的需求数量会增加。医疗保险公司被要求对增加的医疗服务付费，医疗的总费用会增加得更快。

最终，道德风险问题将更加恶化，因为更多的美国居民缺乏促进健康的动机。道德风险增加导致人们会有更多的健康问题，对医疗的需求也会增加。当需求上升时，价格和费用自然也就提高了。

为什么年轻人支付得更多？

新法律意味着很快每个人都必须购买健康保险。法律也规定保险公司一定要对投保前已经患过病的人全额赔偿，但不得对他们施加更高的保费率。这意味着什么？那就是健康的年轻人——被强制要求购买保险的人——将不能再支付反映他们患病低风险的低费用。美联社所作的一个分析预计在 2014 年初，在个人医疗保险市场寻求保障的年轻人比今天要多支付近 20%。要想理解为什么新规则可能会产生这些不为人知的影响，请考虑下面的事实：在那些没有限制的国家，保险公司对老年人收取的保费是年轻人的六或七倍。新联邦法把这个比例降到 3:1。那就意味着一个 60 岁的人仅被收取三倍于 25 岁的人的保费。所以，谁会承担损失？当然是年轻人，以高额保费的形式。

宏观问题经济学（第五版）

额外预防保健护理难道不会削减医疗支出吗？

医疗改革的支持者认为它会鼓励更多的预防保健护理，因此减少了总体的医疗支出。斯坦福大学医学教授亚伯拉罕·维盖瑟（Abraham Verghese）认为在预防保健护理上的更多支出会使成本上升，而不是下降。最主要的是，每个人都知道作为个体，我们能采取什么样的预防疾病的策略——减肥、健康饮食、多锻炼、少吸烟，以及开车时系安全带。这些都很便宜，可以挽救生命并降低医疗成本。

其他预防策略的成本更高。增加医学筛查检查导致发现更多潜在的疾病问题并因而导致额外的筛查试验和药物治疗。维盖瑟教授使用了下面的例子。一个身体感觉不错的人检查结果发现胆固醇偏高，这实际上是发现风险因素而非疾病。胆固醇水平的升高意味着有更大的概率患心脏病。可以通过减肥、更健康的饮食、多锻炼来降低胆固醇水平。或者，可以每天吃一片他汀类药物，药片会降低胆固醇水平。老百姓使用他汀类药物每年大约花费 150 000 美元，女性比男性使用得更多。抱歉，可没人在这方面省钱。

确实没有免费的午餐

从一开始关于医疗改革的辩论就矛盾得可笑，至少对于那些理解了有限资源与无限欲望、**预算限制**和供求的人来说如此。在承诺补贴数千万目前没有医疗保险的美国居民的立法中没有一项能够降低总医疗费用。但并不意味着这样的立法是错的——那是从价值的角度判断而非经济分析的结论。然而，参与医疗与医疗改革讨论的每个人都承认一个简单的事实，这种情况已经是过去时了。在所有有记录的历史中，当任何产品和服务对使用者来说变得便宜时，需求量就会增加，不管政治讨论是如何与之相反。

医疗改革的宏观经济影响

毫无疑问，近期的医疗改革立法将会对美国的经济产生深远的影响，如劳动力市场、产品和服务市场、联邦政府和州政府的预算。我们来逐一研究：

1. 对劳动力市场的影响

新立法要求许多目前没有提供医疗保险的公司开始提供医疗保险。其结果是这些企业必须向每一单位的劳动力支付更多的有效工资率。有效工资率的提高将会使公司减少对劳动力的需求量。结果：在其他条件不变的情况下，美国的就业将会比没有强制企业为员工支付医疗保险的时候有所减少。

2. 对产品和服务市场的影响

企业雇用每单位的劳动力的成本上升显然会提高生产的平均成本和边际成本。这会促使企业在各个价格水平上减少其产出。结果：在其他条件不变的情况下，在一些市场中均衡价格会上升，消费者将会为许多产品和服务支付更高的价格。

3. 对政府预算的影响

本书中提到的对高收入人群征收新税是在 2011 年实行的，因而税收收入立即开始涌入新的联邦医疗项目。因为联邦政府在这一新项目中的支出是渐进的，所以该项目最初是用之前征收的税款进行融资的。然而，在多数专家看来，新的税收收入不足以支付未来将产生的政府医疗支出的增额。最终，联邦政府必将寻求新的途径来减少医疗开支，例如对医院和医生实行价格控制，或者提高税率或增收新税。注意，联邦政府的项目并不包括各州为医疗补助新增人口所支付的金额，这部分资金由各州政府自筹。因而，州政府也将面临提高税率或降低医疗保险服务成本的压力。

◀◀ 思考题 ▶▶

1. 对于像医疗这样重要的事情采用标准的经济分析法是正确的吗？为什么？

2. 政府采用什么样的办法能迫使个人自己承担他们预防疾病活动的费用？

3. 如果政府通过降低医师在某些医疗程序上收取的费用而减少医疗支出，短期内的结果会是什么？长期呢？

宏观问题经济学（第五版）

4. 为什么目前多数的医疗保险计划对投保者之前存在的疾病不予赔偿？谁会从目前的这项原则中获益？如果医疗改革立法废除了这项原则，谁会受到伤害？

5. 目前，多数美国居民无法从位于另外一个州的保险公司购买医疗保险。新的立法取消了这个地域限制。这种情形下，谁将会受益？谁将会受到损失？

6. 有着太多政府干预的医疗有何特别之处？换句话说，如果医疗部门完全不受法规约束，得不到补贴，将会出现什么问题？

第 15 章　房利美、房地美和欺骗

从 1995 年到 2010 年间，美国的房地产市场经历了史上最为疯狂的一段历程。从 1995 年至 2005 年，全国范围的实际住房价格（根据通货膨胀调整后的）的中位数上涨了 60%，然后又急速跌落，从 2006 年到 2010 年累计下跌了 40%。与此同时，在美国拥有住房的人口比例，一个通常变化十分缓慢的指标，从 64% 攀升到 69% 后又回落到 67%。不仅如此，新建住房数也从每年 140 万套上升到 200 万套，之后又滑落至每年 50 万套。

但是真正引起人们注意的——并且给国内外金融市场带来巨大压力的——是这样一个事实：人们在 1995—2005 年房地产市场繁荣期间抢购住房时的行动有多迅速，他们从 2006 年初开始因拒绝为抵押住房继续支付而放弃自己房子的速度就有多快。在一个正常年份，大约有 0.3% 的房屋所有者（大约每 300 个人里才有不到一个人）会停止支付抵押贷款，从而失去他们用来担保的住房。在这一过程中，由于借款人无法承担还款义务，他们不得不放弃自己所拥有住宅的**产权**（所有权）。放弃抵押住房的比率在 2006 年翻了一倍，达到 0.6%；在 2007 年又增加了一倍；之后在 2008 年、2009 年、2010 年仍在持续上升。在一些情况严重的地区，比如内华达州，放弃住房的比率猛增至全国正常水平的 10 倍，每一年 30 个家庭中就有一个会放弃自己的住宅。

在全国范围内，很多人都选择离开自己的住房，把它们交给银行和其他贷款人。随后，当这些贷款人在价格暴跌的房地产市场上出售这些被抛弃的住房时，他们不得不承受巨大的资金亏损。结果是对房价产生了进一步下跌的压力，从而使越来越多的房屋所有者选择放弃住房，进而使违约率进一步上升，并且情况会不断恶化。在短短几年之内，房地产市场的萧条程度比 20 世纪 30 年代大萧条以来任何时候都要严重。实际上，为了搞清楚这一切是怎么发生的，我们必须从头说起。

住房发展史

在第二次世界大战之前，大部分住房抵押贷款都是短期的，大约只有 1~2 年（不像现在，15 年或 30 年的贷款十分普遍）。在大萧条期间，很多承担风险的贷款人在抵押贷款到期时拒绝再续借资金。当时的经济状况使得大部分借款人都无法立即偿还欠款，从而丧失了先前办理抵押借款的住房。作为应对，美国政府于 1934 年设立了联邦住房管理局（FHA）以帮助一些房屋所有人避免抵押贷款违约，随后，1938 年成立了联邦国民抵押贷款协会（也就是后来为人所熟知的房利美），用来向联邦住房管理局收购抵押住房，保障后者能够贷出更多的住房抵押贷款。1968 年，国会批准房利美可以直接从几乎所有债权人手中收购抵押物，并成立了吉利美（政府国民抵押贷款协会）将联邦住房管理局手中的住房抵押贷款打包并为其提供担保和销售。两年后，国会于 1970 年批准成立房地美（联邦住房抵押贷款公司），使其与房利美形成竞争关系。不论是房利美还是房地美，它们都属于**政府资助的企业**（GSEs）。理论上来说，两家公司都独立于联邦政府之外，但实际上它们都要接受国会的监督，甚至是迫于政治压力做一些取悦国会的事情。而吉利美作为美国联邦政府住房与城市发展部的一部分，同样会受国会的预算限制。

从最开始，国会设立这些机构的目的就很明确，即促进美国公民的住房拥有率，尤其是那些低收入个人。但问题在于，实现该目标的唯一途径是降低借款者的成本。这些机构尝试了各式各样的方法，比如将首付款降至房屋价格的 3.5%，而不是通常个人贷款者所要求的 10%~20%。

时间回到 1993 年，房利美和房地美采取了一些特殊措施补贴那些存在较高违约风险的借款人，同时也给自身积累了很大的潜在风险。但是 2001 年的经济衰退开始之后，国会明确告知房利美、房地美、吉利美以及联邦住房管理局，它们必须采取更多的措施。实际上，拥有极大影响力的民主党代表邦尼·弗兰克（Barney Frank）直白地告诉这些机构，它们得在房地产市场上采取"更进一步"的措施，通过保险、担保、向信用风险非常高的个人发放住房抵押贷款等形式将风险转嫁到这些机构自己头上。上述机构积极执行着国会的指示，也带来了房地产市场的繁荣和最终的崩盘。有两件事使得这些行为的代价极其昂贵。首先，按照国会的指示，这些机构行事的首要目标是补贴那些最没有信誉的消费者。其次，当很多人丧失抵押住房赎回权时，国会并没有对显而易见的损失做出准确判断，不仅继续把纳税人的钱拿给它们，甚至让这些机构在此基础上继续承担风险。结果就是，大家都要面对巨额的税单。

更进一步

两种风险最高的抵押贷款分别叫做次级抵押贷款和准优级抵押贷款。前者指的是向违约风险远高于正常水平的借款者发放的贷款。通常这些人的信用评分较低，他们所获得的抵押贷款相对于自身的还款能力都价值不菲。准优级抵押贷款要么缺少了某些重要的证明文件（比如借款者的收入证明），要么设置了奇低的首付款。不论是哪一种，准优级贷款的风险都要高于正常的抵押贷款。

到 2008 年，房利美和房地美各自持有和担保的次级抵押贷款和准优级抵押贷款总额都达到了近 1 000 万美元。为平衡这些贷款，需要 1.6 万亿美元的资金投入，也就使每一位美国的纳税人都面临着潜在的 8 000 美元的税务负担。然而更糟糕的是，自 20 世纪 90 年代早期以来，房利美和房地美对于其手头证券组合的风险程度的描述一直就是有误的，它们将那些次级和准优级抵押贷款评为"优质"抵押贷款（质量最高、风险最小的贷款）。

紧急援助

正如我们所见，房利美和房地美都属于政府资助的企业，也就是说，它们是私人所有的，但受到政府赞助或捐赠。尽管联邦政府不会公开为此类机构做正式担保，但是人们普遍认为潜在的保障是存在的。实际上，当 2008 年 9 月两家机构**资不抵债**（它们的负债超过了资产总额）的迹象越发明显时，这种潜在的担保开始变为现实。联邦政府首先提供

宏观问题经济学（第五版）

了 2 000 亿美元的公开担保额度。此后，担保的额度——很多人将之称为紧急援助——增加了一倍。最近，奥巴马政府甚至宣布，联邦政府对房利美和房地美的投资没有上限。尽管国会预算部门宣称，纳税人需要负担的成本"只有"3 890 亿美元，但潜在的税务负担高达数万亿美元。

从这个角度来说，你或许认为房利美和房地美应当改变它们的行为方式，比如转向低风险贷款，或是通过摆脱那些糟糕的贷款平衡自己的资产负债表。但实际上，两家机构所做的恰好相反，它们不断开展风险更高的贷款业务，以极低甚至零成本的方式帮助借款者规避债务违约风险。最终的结果就是，纳税人所要负担的成本会持续上升。

无底洞

从实际角度来说，房利美和房地美的身影早已遍布美国房地产市场的几乎每一个角落。考虑下述两个例子。第一，房地产市场上很多人要么是"深陷泥潭"（房屋的价值低于他们所欠的账面资产），要么就是无法或者不愿意继续偿还抵押贷款。房利美和房地美已经针对这些人群启动了一项免除贷款计划，尽管它们自己并不这样称呼这一项目。本质上，两家机构首先购买已经发生违约的抵押贷款，然后通过降低借款者的负债总额"修改"这些贷款。房利美和房地美更愿意将这种免除债务的行为称作"有关信贷的费用支出"而不是债务豁免计划（这么叫的话，对那些仍在为自己的负债还款的房东来说并不是个好榜样）。

当然，有些人就是无法或者不愿继续偿还贷款，即便是得到了数额很大的一笔抵押贷款减免之后。在这些情况下，房利美和房地美就获得了他们住房的所有权——以每 90 秒发生一起的速度。到 2010 年，两家机构拥有的商品房已经超过了 17 万套，带庭院的住宅数甚至超过了整个西雅图的住宅总数。在不断将现金（平均每套住房 1 万美元）投入房产以准备将其公开销售后，两家机构随后将房子转交给房屋中介，无论多少钱都卖——当然，售出的价格要远远低于房屋本身先前抵押贷款时的价格。至于借款者？他们已经成功摆脱了困境，由纳税人来偿还他们的债务。

情况也许会更糟

房地产市场的衰败延缓了银行新抵押贷款业务的开展，从而降低了房利美和房地美的增长速度。尽管这可能有助于降低两家机构未来的损失，但这并不能减少损失总额。为何这么说？原因很简单。联邦住房管理局已经大幅提高了其发放贷款的数量，而从实践角度来看其贷款都发放给了那些风险高于平均值的个人。不仅如此，由于仅仅要求 3.5％ 的首付比例，其贷款风险变得更高。有些专家预测，其贷款有高达 1/10 最终会遭受违约的命运——也就是说，纳税人最后还要为那些不良贷款买单。

联邦政府涉足抵押贷款市场究竟需要多大的代价，人们只能对此进行猜测。但与此同时，联邦政府似乎已经决定要保持房地产市场上的资金流转。也就是说，你税单上的数字还会继续上涨。至于涨到什么程度，我们无从知晓。

◀◀ 思考题 ▶▶

1. 谁能够从房利美和房地美所从事的业务中获利？

2. 在美国，大约有 2.2 亿的纳税人，至少根据美国国税局登记的纳税申报表的统计来看有这么多。但是这些"纳税人"中大约只有一半需要支付个人所得税。（其他一些人只是支付社会保障与医疗保险费用等，甚至还有些人实际上在收入所得税减免计划中能够获得补贴。）考虑房利美和房地美作为约 5.5 万亿美元抵押贷款的所有者和担保人，真正付税的纳税人需要为此承担的潜在纳税额最多有多少？

3. 联邦住房管理局的低首付政策会对借款者的抵押贷款违约产生怎样的激励作用？这些贷款对于纳税人的负担会有什么影响？解释你的理由。

4. 国会议员选区内的公众具有哪些特征能够有助于判断该国会议员所代表的地区是支持还是反对房利美与房地美的行为方式？解释你的理由。

5. 为什么低收入与高风险的借款者能够从房利美、房地美、吉利美以及美国联邦住房管理局获得补贴？同时回答为何政府不是每年给他们一定数额的现金，以代替对他们购房行为所提供的补贴。

6. 考虑到房利美和房地美所造成的大量损失是它们采取"更进一步"措施的结果，你觉得国会议员邦尼·弗兰克没有被选民赶下台的原因是什么？

第 16 章 一大笔援助

阿尔斯通、美国国际集团（AIG）、爱尔兰银行、贝尔斯登、花旗集团、通用汽车（GM）、克莱斯勒、房地美以及房利美，这些企业——分布在各个国家，并生产着各种不同产品——拥有的共同点是什么？它们都被政府（实际上是纳税人）补贴"救活"。按照这些补贴的支持者们所说，这些公司都"大到不能倒"。如今这一理论——大到不能倒——正面临着另外一种可能。或许这些公司是大到不能救——至少从纳税人和各个国家经济的运行效率角度考虑是如此。我们将首先了解"大到不能倒"的含义，进而在被称作**产业政策**的环境中考察这一概念。

大到不能倒政策的背后逻辑（或不合逻辑）

支持阻止非常大的公司（无论这些企业是高速列车的制造商、保险公司、投资银行、商业银行、汽车制造商还是大型抵押贷款担保公司）破产命运的人都真诚地认为：一家大型公司的破产可能会引起**系统风险**，也就是说，可能会引起整个经济体中经济活动的衰退。

考虑下述两个对比鲜明的例子。你所在地区的 CD 零售商在面对网络下载带来的竞争时不免步履维艰。最终，这家小公司可能会倒闭，不得不解雇三个员工，放弃在当地商场租用的一片场地。这样的公司破产并不会带来系统风险。有些人不得不重新开始找工作，房东也需要重新物色承租人，对外出租他的场地，但这就是该企业破产能够带来的全部冲击。

接下来，看一看通用汽车公司。在其被政府接管部分股份之前的数年里，它的年损失都高达数亿乃至数十亿美元。在过去的半个世纪左右时间里，经济形势好的时候，通用经常会给雇员提供非常慷慨的劳务合同。但是在经济环境不好时，通用就会受困于较高的劳务成本，比如很高的养老金福利（见第 17 章）。到了 2007—2009 年衰退期间，通用汽车已经因为极高的运行成本而失去了市场竞争力。就在通用面临破产时，美国政府拉了它一把（随后，加拿大政府也出手相助）。那些赞成政府干预的人认为，通用汽车如果破产，会让数十万人失去工作，进而引发全美甚至更广泛地区内失业率不断上升的恶性循环。换句话说，通用汽车大到不能倒，因而不得不救助。系统风险大到政府无法放任其破产而不管。

"救助"大公司的道德风险问题

当大公司被政府所"救"时，纳税人才是在背后真正为此买单的人。而他们同样有很大可能要面对**道德风险**的问题。为什么这么说？如果公司里的劳工领袖与管理层相信公司是"政府援助"的备选目标之一，他们会从中得到什么启发？毫无疑问当意识到自己绝不会被允许破产时，他们的活动也就可能与公司的长期利益相背离。（因此，我们应当加上一条，与那些即将援助他们的纳税人（也就是你和我）的利益也不一致。）

当情况很糟时，通用汽车的工会领袖知道，工会没有必要以削减自己的福利、降低工资等方式向公司"退还"不少收入。为什么要这么做呢？反正公司大到不能倒。通用汽车公司的经理层也会做出同样的判断：他们明白在经济不景气的时候，自己不需要实行严厉的成本压缩战略，因为——你猜对了——通用汽车已经大到不能倒。

这种道德风险问题存在于所有被美国的纳税人所拯救的大公司的日常行为中——克莱斯勒、花旗集团、高盛集团以及美国国际集团等等。这些公司的雇员和经理不再受到自由竞争的市场环境约束，他们的行为方式也会相应做出改变。其结果就是（并且不断变成）资源利用的**无效率**。比如，企业成本不再像过去那样有所节制，风险水平也会越来越高。最后，资源无法获得最有效的使用。所以，不仅纳税人需要为企业风险买单，而且经济的增长速度和不给这些大到不能倒的企业补贴时相比，会更加缓慢。

产业政策再度流行

最近一次公认的全球性衰退从 2007 年一直持续到 2009 年，但其余波可能在你读到本书时仍然存在。这一轮经济衰退让**产业政策**又重新流行了起来。上文所提到的大到不能倒的政策正是产业政策中的一种。巴拉克·奥巴马总统在 2009 年对产业政策的阐述如下：政府必须针对"战略产业"做出"战略决策"。该年通过的 8 000 亿美元的经济刺激法案把数十亿美元的财政税收用于对"战略"部门的投资，包括可再生能源、概念型汽车、高速铁路系统等等。在这条道路上，美国并不孤独。差不多在同一时间，日本公布了一项新的战略以保证其关键产业不会被他国"甩在身后"。法国也宣布要向"战略"产业加大投入，尽管它将战略产业称为"国家冠军行业"。总之，无论在欧洲、亚洲还是美国，这些新的产业政策的核心都是慷慨地将纳税人的钱拿去补贴银行、汽车制造商以及其他受青睐的行业。

如果我们将产业政策当作政府为促进特定产业部门和公司的发展所进行的尝试，历史经验往往表明这些政策未必就有一个好的结果。奥巴马总统在 2010 年视察底特律时只是单纯强调让纳税人补贴"被保留的工作"，这类声明并不能说明太多问题。毕竟，对于任何产业政策的准确分析必须比较其成本与收益。这些"被保留的工作"究竟耗费了我们经济体多大的代价？

让我们来看一看半导体行业的例子。日本在 20 世纪 80 年代早期投入了大约 200 亿~500 亿美元（估算方法不同）的资金用于补贴半导体行业，希望能够让日本的公司获得行业竞争力。但最终所有投入都打了水漂。没有一家日本的公司在国际市场上的份额有所提高，如今，两家世界领先的行业巨头分别位于美国（英特尔）和韩国（三星）。1995 年，出于类似的考虑，新加坡投入大约 150 亿美元；中国在 1999 年也做了同样的事情。但最终这些政策都以失败告终——两个国家中没有一家公司能够上升到全球前十名的位置。

在刺激一些境况不佳的汽车生产商的同时，英国也做了类似的政策选择。但这两方面的努力最终仍不免失败。法国投入了数十亿建设信息技术行业，同样也无果而终。一个显而易见的事实是：一个行业的国际竞争越激烈，政府的产业政策就越是难以有效促进业内公司的发展。而现在，所有主要产业都已卷入了全球市场的竞争，这意味着所谓的产业政策是注定会失败的。

挑选胜者——并不像看起来那么容易

大部分产业政策所依赖的理念是政府官员自认有能力筛选出胜者。无论是对穷国还是富国来说，这种挑选其实都不是那么管用。这个道理很简单。看一看政府雇员在制定产业政策时所面临的激励与私营部门的决策制定者所面对的激励。首先，政府的决策者花的是别人的钱——纳税人手上的美元、日元或者欧元。我们很难想象政府职员在花别人的钱时能对哪一个产业或者公司会在未来成为市场上的胜者做出比那些"利益相关"的人更准确的预测。毕竟，如果政府职员的判断有误，自己的经济损失几乎可以忽略不计。他或她的积蓄并没有任何风险。

同时，政府官员在决定要把经济体中的资源分配到哪一个领域时，很可能会充满偏见并十分傲慢。在什么情况下，官员对于某种特定产品或服务未来需求的变化情况会拥有比私营部门更加完整的信息？就我们所能想到的行业恐怕还没有这样的例子。[1] 毕竟，那些在私营部门挑选胜者的投资人会得到丰厚的奖赏，成为百万富翁甚至亿万富翁。与此形成鲜明对比的是，那些做出突出贡献的政府官员们最多能在行政部门提升一个级别，又或者是成为政府的模范雇员。我们不得不说，这种激励实在少得可怜。

创造性破坏和破产

你知道宝丽来相机吗？恐怕你都没听说过，因为这种产品在更好的即时摄影媒介——数码相机的冲击下已经从市场上消失了。你知道八轨磁带吗？很可能不会，因为它已经被激光唱片所取代。甚至如今，在网络音乐下载的大潮下，唱片本身都已经过时了。你有没有听说过飞马集团？很可能没有。在面对充满创新意识的竞争对手（比如沃尔玛）的挑

---

① 有些行业可能是例外（例如航空航天业）。在这些行业，正确决策的制定高度依赖于仅有政府掌握的"绝密"信息。

战时，这家公司最终倒闭了。

哈佛的经济学家约瑟夫·熊彼特（Joseph Schumpeter，1883—1950）为那些随时间推移而发生的企业倒闭提出了一个术语——**创造性破坏**。他用这一名词来描述创新是如何改变经济发展进程的。在他看来（如今几乎已经成为经济学家的共识），企业家的创新行为是长期持续**经济增长**背后至关重要的经济力量。在创新的进程中，那些已经名声在外的大企业（以及它们所雇用的很多专业工人）都会遭受重创。当然，与此同时，这种创新会在别的地方创造更大的价值。实际上，创造性破坏的进程正是经济持续增长的核心。

当一家公司走向**破产**时，我们就见证了创造性破坏最为猛烈的一面。很多公司破产时就这么灭亡了，其雇员们不得不去别的地方另谋职业。另外一些企业破产重组后结构更加精简，拥有了更强的市场竞争力。当一家几乎破产的企业重新站起来时，大部分债权人和股东都损失惨重。而原来的那些员工要么会被解雇，要么就得接受大幅削减的工资与福利待遇，即便是原本他们手上还握有一份工会合同。这就是在没有纳税人救助的情况下，通用汽车、克莱斯勒、花旗集团、高盛集团以及美国国际集团会发生的事情。

通过救助保留工作岗位？

不论是否会导致企业破产，创造性破坏都必然意味着有些人必须从一种工作换到另一种——原来的工作已经不复存在了，而一些新的岗位被创造出来。大到不能倒理论（以及其他大部分产业政策）的支持者经常强调的是，这样做是为了努力"保留工作岗位"。的确，纳税人的资助可以保住那些受救助企业或行业的工作。但是这恐怕很难称得上是为留住工作岗位而实行的**财政政策**。为留住一家公司或行业中的工作岗位所花费的每一笔资助都是有代价的。要么就是政府在其他领域的支出降低（因而工作机会就会变少），要么就是税收会上涨，带来纳税人在别的地方的支出下降（因而就业机会就会减少）。因此，所谓"保留"一家公司或行业内的工作机会最终将导致那些没有得到补贴的公司和行业中就业机会的减少。（其实，我们有各种理由来说明失去的工作机会要远远多于保留下来的工作——参见第 25 章。）经济学家总是热衷于谈论世上没有免费的午餐，这一理论同样适用于各种旨在用来"保留工作岗位"的财政政策。

消极的产业政策

尽管政治家们热衷于关于"保护"工作机会的空谈，美国各级政府的很多日常做法总是会降低就业率。实际上，联邦政府和很多州政府的税收政策及各项规章制度已经形成了一种抑制工业化的氛围。美国的公司所得税是全球第二高的。同样关键的另一点在于，联邦政府的管制极大增加了国内的生产成本。根据估算，执行联邦法规的年成本高达 1.7 万亿美元，大约占到了每年美国国民收入的 12%。

今天，美国的企业同时还面临着监管的不确定性。业界不知道政府是否会对二氧化碳排放征税。他们更不可能知道应该如何估算 2010 年出台的 2 400 页的医疗保健法和 2 300 页的金融服务法给他们增加的成本有多少。其中，后一部法律计划新增 243 条新条款，没有人知道其内容。而前者涉及百余家新成立的机构，所有机构都要参与编写新法案。这些不确定性使美国的公司在面对来自其他国家（尤其是亚洲国家）的竞争时会陷入不利境地。

我们的结论很简单。虽然政府想要把公众的钱用在紧急援助上，但是政治家们似乎对实施那些在长期中能够吸引和留住工人的政策没有太大兴趣。良好的政治意愿再一次带来了糟糕的经济决策。

◀◀ 思考题 ▶▶

1. 哪些人能够通过"大到不能倒"的政策受益，哪些人又会因此遭受损失？

2. 在你看来，为什么经济衰退时政治家们会比在经济繁荣时更加积极地颁布产业政策？

3. 据测算，纳税人的钱中用于补贴清洁能源技术的资金在 2013 年会高达 1 250 亿美元。在什么条件下，联邦政府需要承担这笔支出而不是让私营公司自己负担这些投资？

4. 想象一下，如果数年前联邦政府在通用汽车面临破产时放任不管，这家公司最终会发生什么？

5. 私营公司在"挑选胜者"时所面对的激励是什么？

6. 有没有什么方法能够阻止创造性破坏？

第 17 章　养老金危机

什么时候考虑你的未来都不算早。我们指的不是你的未来课程或当你毕业时你会做什么。我们谈的也不是你未来的家庭，如果你选择拥有家庭的话。也不是你未来保持健康的自我计划。而是，你可能想要开始思考当你退休后，你的养老金会是多少。那看上去似乎很遥远，但对于城市和州的公务人员来说，你的养老金可能 20 年后就会开始发放。

加利福尼亚被称作"黄金之州"并非浪得虚名

今天，在面对有史以来最严重的财政危机时，加利福尼亚的纳税人正在为能在 50 岁退休、每年获得相当于他们最后一年工资的 90％的养老金的退休警察、消防员和狱警买单。在加利福尼亚，每年拿到的养老金超过 10 万美元（这还没有算上通过社会保障制度来自联邦纳税人的付费）的政府退休人员超过了 15 000 人。

看一看加里·克里夫特（Gary Clift）的例子。他在加州的劳改所工作了 26 年，然后他退休了。他现在每年的养老金是他工作的最后一年工资 112 000 美元的 78％。他也有全额医疗保险，对于退休金也是一个不小数目的补充。具有讽刺意味的是，克里夫特在工作的最后两年都在分析州政府提高退休福利支出的立法。他对于提高养老金一事提出了警告，但无人响应。正如他所说的："这是纳税人的钱，所以没人在意。"

在我们进一步讨论政府养老金支出和加利福尼亚的财政问题的关系之前，让我们先看一下退休和养老金的概念。

要退休，先储蓄

如果我们回首足够久远的过去的话，退休的概念并不存在。人们会干到他们不能继续工作为止，然后很快死掉。那时，世界上的每个人都很穷。在大家庭中，那些不能工作的人经常被家庭其他成员照顾。不足为怪的是，在当今非常贫穷的国家里，拥有很多孩子依然是一种安全保障——实际上，孩子们是丧失劳动能力的人免于挨饿的唯一保障。

通过**经济增长**，许多国家的人都能够通过**储蓄**来创造可供未来使用的**财富**。如果你不把赚来的一切全部**消费**掉，你可以留出资金买房或投资。因此，当你决定放弃收入颇丰的工作时，在余下来的年月里，就会有足够的财富供你支取。

如果你为一个大公司或政府工作，你的退休福利可能会来自你雇主的养老金计划。最好你的雇主会把资金用于投资，使得你能有一个不错的养老金。如果这些投资的实际回报率正如养老金计划所预测的那样，那么就会有充足的资金保证所有雇员退休后都能得到他们那份养老金。如果这个条件满足了，我们说雇主公司或政府能提供**全额养老金**。当雇主没有留出足够的资金来保障未来养老金时，我们说它们**养老金储备不足**。现在让我们回到加州来看它是如何成为资金不足的负债之王的。

"黄金之州"出现赤字

"赤字"这个术语通常指私人公司正在遭受的损失或政府实体本年蒙受的**预算赤字**。在近些年，加州的这类赤字每年在 100 亿～200 亿美元。但和它资金不足的负债比起来，当前加州的预算赤字不值一提。负债主要是由于合同上向员工保证的未来退休金无法支付。

在过去的几十年里，加州的收入——主要来自税收——增加了大约25%。与之相比，加州公务人员的养老金成本上升了 20 倍。不，那不是个打字错误。回想前面讲到的加里·克里夫特的例子。当他从劳改所退休以后，他就能申请一个残疾"奖金"，每年会给他的养老金增加几千美元。加里有这个选择并非因为残疾，而是因为加州政府认为劳改所工作的压力很大，所以一个员工可能会残疾。加里没有提交残疾奖金的申请，但是他是其所在监狱唯一一个没有这么做的管理者。

然而，加州的问题远远扩展到了监狱以外。在 20 世纪 60 年代，大约 5%要退休的加州工人得到了所谓的公共安全养老金。那意味着个人一直在从事"危险的"劳动。今天，大约 35%要退休的加州工人获得了这个"公共安全"退休奖金。这个奖金最初仅仅是为消防员和警察局官员设计的。另外，加利福尼亚是唯一的一个用员工退休前一年工资，而不是前几年的平均工资来决定他的长期养老金福利的州。因为支付通常随时间而增加，加州的方法产生了额外的养老金福利，对于纳税人来说，就是额外的负债。

但还远不止这些。几十年来的每一年，萨克拉门托（加州州府）的立法机关都在提高公共养老金福利。仅仅看 1999 年通过的一个法律就够了。到 2010 年每年的州支出应该大约是 6.5 亿美元。而实际上，2010 年为 31 亿美元，2011 年为 35 亿美元。

这支出几十亿美元，那支出几十亿美元，这究竟有多糟？一些研究预测加州有 5 000 亿美元的养老金不足问题。这个问题无法自行消失，因为法院一直支持政府公务员的养老金福利为不可更改的合同，除了当地政府宣布破产的几个罕见的例子。在最近的一年，30 多亿美元的加州支出从其他项目转移到养老金成本上来，未来的这种转移还会增加。

从更近的距离看"花园之州"

新泽西，自称为"花园之州"，开始枯萎了。其每年的养老金赤字也达到了数十亿美元。依最近的预测，新泽西雇员养老金资金的缺口超过了 300 亿美元。这对新泽西州一个典型的四口之家意味着什么？要想补足这个缺口，每个新泽西人要承担大约 16 000 美元的税负。

新泽西是如何陷入这个财政危机的呢？像加利福尼亚一样，问题的很大一部分是从 20 世纪 90 年代开始的。股票市场兴旺，使得该州的投资回报率非常高。在认为这些非正常的高回报率是常态的假设下，州立法机关提高了退休福利。之后，两个股票市场崩溃，期望的收益率没有能够实现，但承诺的养老金却依然要兑现。

综观全局

在全美国，只有四个州——佛罗里达、纽约、华盛顿和威斯康星——拥有资金充足的养老金体系。其余的州都面临不同程度的财政危机。例如，伊利诺伊和堪萨斯，手头的资金只够支付该州养老金的 $50\%\sim60\%$。

这些州的皮尤研究中心刚好在 2008 年金融危机之前作了一项彻底的研究，发现 50 个州有 1 万亿美元的养老金资金缺口。所有这些州合起来在合同上承诺给付的养老金、医疗和其他退休福利为 3.35 万亿美元，但手头只有 2.35 万亿美元可供支付。这 1 万亿美元的缺口在今天非常可能因为 2008 年以来股票市场的损失和对未来收益率的不现实的假设而变得更大。（顺便说一下，城市也深陷麻烦之中。保守估计，城市资金缺口为 6 000 亿美元左右。）

私营部门也有问题

不要认为州政府和当地政府决策者是养老金不足的唯一责任人。在私营部门，大公司发现它们也受到养老金缺口不断增长的困扰。通用汽车公司长久以来一直将未来的养老金负债隐藏起来。为了在报表中体现出更好的业绩，通用公司通常采用激进的会计记账法，将养老金计为实际数额的一部分。但最终通用公司总是要支付实际金额的养老金的。当公司试图通过提高所生产汽车的价格来支付养老金时，通用汽车很快失去了竞争力。消费者开始购买质同价低的其他品牌的汽车。结果是通用汽车破产并被联邦政府接管。现在它被称为"政府汽车"（"Government Motors"），纳税人拥有很高的股份比例。因此，现在由纳税人承担着公司未来的养老金负债。

通用汽车不是唯一的例子。超过 75% 的美国最大的 500 家公司养老金不足。难怪很多公司游说国会允许它们免除兑现全额养老金计划的法律义务。

破产即将来临？

回到我们对公共部门的研究，即使你还没有考虑几十年后退休的情形，你的经济状况也因为市政府和州政府已经做出的退休承诺而正在改变。为了填补那些养老金不足的债务，市政府和州政府正削减重要的服务——教育、警察和监狱，以及消防员。你可能认为我们不应该或"不能"仅仅为了支付养老金福利就让重要的政府服务受到削减。然而，现在这是事实，全国都如此。

有没有一个减少养老金负债的办法？有，但不好。去问一下加州瓦列霍的居民。在 2008 年，18 个警局人员和消防员出人意料地提前退休。那个 12 万人的城市立刻被迫为他们退休的第一年支付了几百万美元。这是一个已经为养老金和医疗支付了超过 2.2 亿美元的城市。瓦列霍市政府申请**破产**。

根据《**破产法**》第 9 章，市政府能够提交自己的重组计划并宣布工会合同无效，而不必出售它们的资产，比如大楼和投资。瓦列霍公共养老金债务和其他债务归在了一起。从私人会计师事务所的每个人到公共养老金领取者都要承受损失。所以，现在我们至少找到了一种方式让城市甚至是州能够跳出负债泥潭。宣布破产能够让政府重新谈判未来的养老金福利，这样才能使其更好地满足未来的资金需求。

此刻，一些城市正在拖欠它们在过去这些年的贷款。在最近的一年，30 亿美元的城市贷款都未按时偿付。正如我们所看到的，和总养老金负债比起来，这还是极小的一部分。当更多的市政府选择破产时，市政债券违约率也相应提高。对于退休者和债券持有者来说，这个过程是痛苦的，需要付出太多代价。但简单的事实是：州和地方政府已经做出它们不能实现的承诺。那意味着下面三件事情一定会有一件发生：州和地方政府在其他项目上的支出一定要急剧削减，税收要迅速增加，或者削减养老金。最终，过去轻率做出的政治承诺一定会和未来艰难的经济现实发生激烈的碰撞。

为何联邦政府没有陷入同样的困境？

你也许注意到了，我们几乎没有讨论我们共同资助的联邦政府的退休制度——**社会保障制度**。理由是社会保障是一种**现收现付模式**。联邦政府拿到你的社会保障"贡献"后，并没有把它投资到一些特别账户。实际上，并不存在一个能够收入利息的"账户"，上面写着你的名字，当你 60 岁退休时使用。尽管你可能听到过社保基金，那个基金还只是停留在设计阶段。它是一个谜团，本身就是一个巨大的负债，你会在第 19 章了解更多。

◀◀ 思考题 ▶▶

1. 如果没有政府或公司的养老金系统，个人如何保障退休后的财务安全？

2. 为什么州和地方政府对未来的养老金提出了超出其支付能力的承诺呢？

3. 许多州和当地政府在计算承诺的养老金福利的未来资金上都使用了一个假设为 8% 的收益率。你认为为什么它们使用这个数字，而不是 2%，甚至 0？

4. 为什么州和地方政府不简单地通过债券市场继续借来基金来弥补当前收入的缺口以及未来支付合同规定的养老金福利资金的不足？

5. 2008 年以来糟糕的经济状况导致许多工人推迟退休。这将会如何影响州和地方政府的大雇主？

6. 在私营部门，五个工人中有一个被承诺终身养老金。在公共部门，五个工人中有四个拥有终身养老金。和公共部门相比，为什么私营部门提供的终身养老金如此少？

第 18 章　更高的税率正等着你

"这笔 2.41 亿美元的道路改造工程款由以下几个部分组成：

86%来自联邦高速公路信托基金；

12%来自州政府投资；

剩余 2%来自地方投资。"

大多数人在美国国内开车时都看到过至少一条这样的标记。如果你曾经在欧洲某地驾车，你也应当看到过类似的标语，但在那里，通常"捐助者"的名单会很长。然而，相同的是，"捐助者"都是政府机构，而不是个人。现在，想象一下，如果改善高速公路的工程款来自月球或火星，甚至是国外石油巨头的银行账户，那该有多好。但是，这是不可能的。

那些讨厌的预算限制

在我们的社会，政府并不是独立于人们的生活、工作、消费及纳税活动之外存在的。作为一个经济体，我们面临着**预算限制**。无论是什么样的政府支出——联邦政府的、州政府或地方政府的——都没有也不可能被国内的个人支出所替代。由政府控制的投资决策通常个人是不会有兴趣加入的。在美国，花费在最终产品和服务上每一美元要么来自你——普通公民，要么来自政府。换种说法，政府投资的，你就不需要再投资。这个道理就是这么简单，尽管政府周期性的投入（尤其是从国家这个层面来说）总是会掩盖预算限制这一事实。

经济刺激与紧急援助

2008 年初，正当 2007—2009 年的衰退愈发严重时，布什总统提出并经国会批准了总值高达 1 520 亿美元的一揽子"经济刺激计划"。该计划中的大部分法案都包含税收减免的内容，旨在提高居民的可支配收入，从而刺激私人消费的提升。

当年晚些时候，经济状况持续恶化，金融恐慌逐步蔓延，总统和国会立即做出反应，向美国的一些大型金融企业（包括保险业巨头美国国际集团）实施紧急援助。尽管这项法案的最终开支尚未结项，为支持这些公司，立法机构已经从税收基金中抽取了 7 000 亿美元的援助款。

仅仅过了几个月之后，新上任的奥巴马总统成功地促成国会通过了另一项经济刺激法案，总值约 7 870 亿美元。该法案为延长失业救济金的领取时间提供资金，同时也向州政府及地方政府下拨了上千亿美元。

此后不久（具有讽刺意味的是，正当这一次衰退正式结束时）奥巴马总统推动了救助汽车制造业的法案并筹集了足够的资金。福特拒绝了这笔援助，通用汽车和克莱斯勒则接受了这些钱。对通用汽车来说，它从美国的纳税人手中接受的援助款足以让后者成为公司的大股东。

总的来看，在 18 个月内，经济刺激计划与紧急援助项目的总支出大约在 1.5 万亿~2 万亿美元之间。其中的大部分资金是借来的，因此这也创造了美国历史上最大的联邦预算赤字。并且，由于所有这些新增的债务都需要偿还，可以预见，更高的税率正在未来等着美国人。

增加支出，增加税收

当国会通过了提高支出的法案时，无论是用于援助金融部门，还是用于改善教育和基础设施建设，甚至是用于降低贫困，能够获得财政收入的地方只有一个，那就是所有在美国能够获得一定年收入的个人。正如我们在第 13 章和第 14 章所指出的，有能力运作极大的联邦政府财政赤字（从而会提高一国的净债务）并不能改变我们的社会所面临的基本预算限制。

政府已经投资的，你就不需要再做投入。也许你没有意识到，你所面临的**实际税率**在过去数十年中一直在增长。为什么？因为作为**国内生产总值**（GDP）的一部分，联邦政府支出一直在上升。你所承受的实际税率很容易计算，也就是 GDP 中受到政府控制的那一部分比例。作为显性的税收，你的薪酬和工资中会自动扣除的联邦个人所得税将来一定会上涨。政府的预算限制使然。

但是那些减税政策呢？

在 2010 年大选前后，纳税人才真的开始为联邦政府的各项新开支感到担忧。显然，这也是很多民主党人在选举中被迫下台的一个原因。大选后国会做的第一件事情就是延长布什政府于 2001 年和 2003 年通过的减税法案。不仅如此，国会还延长了领取失业救济的时间（即使这一次经济衰退已经在 18 个月之前结束了），甚至还临时削减了原本用于社会保障的工资税。

正如我们在第 13 章详细讨论的，我们不指望这样的减税政策能够刺激总需求。由于政府支出没有减少，因而政府的财政压力也不会得到缓解。最终的结果就是：相对于原本的水平，进一步提高了政府赤字，并使得原本就在不断上升的税收增长更多。不论政治家们许下什么样的诺言，预算限制都是无法规避的。因此，更高的税率正在未来等着大家。但是由于**边际税率**有所下降，我们有理由相信，人们会更积极地工作、生产更多的产品，并且由于税后留存比例的上升，人们的收入会有所增加。这种低税率政策对"供给方"的影响会帮助经济更快地从 2007—2009 年的衰退中恢复过来。

谁来买单？

尽管每年有 2.2 亿人会被美国国税局登记在案，但这些登记人中的许多根本不必缴纳个人所得税。实际上，大约有 47％的"纳税人"要么不支付联邦所得税，要么因为享有**税收减免**，他们甚至是在支付负的联邦所得税。在税务减免的情况下，那些实际上没有支付个人所得税的人能够从联邦政府领取一张支票，用来支付他们所欠的其他联邦费用（比如社会保险），或是用来支付未来不断上涨的联邦税务负担。并且，如果眼前和以后都没有什么需要缴纳的税款，他们就可以自己留着那笔现金。

我们有很多足够充分的理由来免除一些人支付个人所得税的义务。例如，也许他们很贫困，或者有一大笔医药费账单。但是，我们必须意识到，让这么大一部分人脱离在税收体系之外存在两点重要的影响。首先，这会让很大一部分选民形成这样的观点：联邦政府支出实际上是"免费的"——因为，毕竟他们自己不需要为那些到期的债务承担责任。因此，他们会更倾向于支持那些扩张的、但往往收益不能超过成本的政府支出。最终，这会导致社会福利的损失。第二，这么多人免除了联邦所得税之后，那些实际上缴税的人所承受的负担就更重了。这会让他们减少工作量、生产更少的产品；并且由于税后自己留存的比例下降，收入也会减少。这种变少的总产量意味着社会福利受损了。

阿根廷是否能为我们引路？

100 年前，阿根廷是世界上最富裕的十个国家之一。此后，在这份名单上它滑落到了大约第 17 名的位置。在这 100 年内，阿根廷的政府支出（以及税收）相对于其经济体的总规模一直持续上升。最近，阿根廷总统克里斯蒂娜·基什内尔（Cristina Kirchner）宣布，国家政府将接管国内的私人养老金系统。尽管她宣称这么做是为保障"人民的福利"免受市场波动对于退休金储蓄的巨大威胁，但实际上基什内尔总统是想利用这笔资产支撑更多的政府支出。从技术上说，政府将向养老保险系统"借钱"。但是由于阿根廷政府有过债务违约的记录，很多人都预测，如果在未来他们还能够获得辛苦攒下的养老金，那也不会有多少比索。

正如你可能预想到的，当政府宣布了这一计划后，向私人养老金系统输入的存款量急转直下。一些阿根廷居民开始悄悄地把他们的其他**资产**转移到国外，以避免遭受被国家征用的类似命运。还有一些人甚至开始计划自己也离开阿根廷，因为这是保护自己财产的最佳方式。

阿根廷政府将私人养老金系统国有化的做法就相当于在一劳永逸地提高税收。尽管美国政府不大可能做出将私人养老金系统国有化的事情，阿根廷的故事仍然为我们点明了本章的要点。政府的所有投资，其实都由你我来买单。有时政府必须富有创造性地将这一切变为现实，但不管怎么样，这是一定会发生的。因此，我们预言：更高的税率正等着大家。

◀◀ 思考题 ▶▶

1. 政府如今拥有很多家银行、保险公司、汽车制造商以及经济体中其他部门的股票和认股权证。（认股权证是在未来能够拥有股票的权利。）如果联邦政府所持有股票份额的价值随着每股市场价格的上升而上涨，这种价格上涨通过何种方式能够使未来的税收下降？解释你的理由。

2. 如果你是一个低收入者，并且不需要支付任何收入所得税，你会不会关注其他人税收的增加？解释你的理由。

3. 有没有这样的可能，比方说在未来十年内，美国居民所承担的实际税率会比今天的额度更低？如果要使其成为现实，有哪些条件需要改变？解释你的理由。

4. 哪些人需要为 2008—2010 年的一揽子经济刺激计划、减税以及紧急援助政策在未来支付更高的税收？（提示：照一照镜子。）

5. 为什么大部分政治家喜欢花钱，但又不喜欢为自己的消费买单？你购物和付钱时的态度与政治家们矛盾的态度是否有所不同？如果你花的比你赚的多，结果会是什么？

6. 大部分州都有这样的法律或是宪法条款，要求政府通过提高税收或者削减支出的方法尽快消除预算赤字。在你看来，为什么州政府可以立下这样的规定而联邦政府却不能这么做呢？

第 19 章　社会保障的神话

你也许听到过一些有关政治家就社会保险体系需要改革的争论。如果你还不到 30 岁，这些争论也许会伴随你的整个一生。但为什么一直都没有什么改变呢？原因在于政治家们反复争论的"事实"实际上根本不是事实：大部分有关社会保障的言论都是神话——或者叫市井传言，如果你愿意这么叫的话。可不幸的是，政治家长期以来反复地重复着这些神话，以至于不仅他们相信了，甚至让他们的选民都深信不疑。只要这些神话仍然存在，社会保障体系就不会有任何积极的改变，而存在的问题却会越来越严重。所以，本章我们就来看看，是否能够通过审视那些最糟糕的神话故事拨开迷雾。

神话一：越老的人越穷

美国在走出了大萧条的阴影之后，于 1935 年通过了《社会保障法》。当时的**失业率**达到了这个国家有史以来的最高值。1929 年的**银行挤兑**浪潮与股票市场崩盘将数百万人的积蓄席卷一空。很多老年人在退休后只有微薄的积蓄（甚至一贫如洗）可以依靠，并且他们的子女大多也很拮据，难以给他们提供帮助。在这种凄惨的氛围下，社会保障计划被建立起来，用来确保老年人能够在退休之后获得达到最低限额的收入。不过，这并不意味着社会保障是老年人退休后唯一的经济来源。

考虑到该计划建立时的大环境，难怪很多人只要一提到社会保障就会将它与老年人的贫困问题联系起来。但实际上，社会保障计划和老人们的经济状况在那之后的几十年内发生了翻天覆地的变化。举例来说，以通货膨胀调整后的价格水平衡量，最初的社会保障补贴只有每月 120 美元，最高也不过每月 500 美元，或是一年 6 000 美元。然而今天，很多社会保障的受助者所领取的补贴超过了每年 2.5 万美元。更重要的是，65 岁以上的人口已经不再是我们这个社会中最贫困的群体。

抛开像 2007—2009 年这样的大萧条的破坏不谈，从账面上看，今天的老年人已经积累了上万亿美元的**资产**。这些资产包括房屋、大量股票和**债券**的投资组合。不仅如此，上百万的美国老人还可以领取其数十年工作生涯中积累下来的私人养老金。具体来说，社会保障体系为退休人员所提供的资助平均只占其收入的 40％，而剩下的部分由私人养老金、积累的工资收入以及投资回报组成。老年人已经远远不是贫困率最高的年龄群体，实际上，相对于美国居民的平均水平来说，他们的贫困率要低了 25％。当然，是社会保障使这一切成为了可能，同样确定无疑的是，只有 10％的老年人生活在贫困线以下。而与之相比，儿童的贫困率居然是 65 岁以上人群这一比例的两倍。

神话二：社会保障救济金是固定不变的

大多数经济学家、政治评论员以及外行人都喜欢将社会保障福利当作老年人的一种固定金额的收入，人们普遍认为这种收入的**实际购买力**会随着一般**价格水平**的上升而下降。这一个神话同样起源于社会保障建立伊始，那时候的补贴固定在一定数额的美元不变，因而很容易受到**通货膨胀**的侵蚀。但这已经成为历史。1972 年，国会决定将社会保障救济与对经济体中一般价格水平波动情况的度量结合起来。对于这一调整，公认的原因是为确保社会保障救济的实际价值在通货膨胀期间不会下滑。事实上，由于价格水平的测算由国会说了算，这些救济的实际价值会在通胀期间上调。

虽然对于产品和服务平均价格水平的度量有很多潜在的指标，国会仍选择将社会保障救济水平与**消费价格指数**（CPI）看齐。CPI 衡量的是一个具有代表性的典型消费者购买一组产品和服务所花费的美元的变化。因此，CPI 上涨 10％就意味着**生活成本**上升了十个百分点。相应地，根据法规，社会保障救济就会自动上浮 10％。

然而，这么做的结果是，CPI 指数经常会夸大实际的通货膨胀率：它是向上偏移的通货膨胀水平指标。这种偏移有诸多的原因。举例来说，当一种商品的价格水平相对于其他商品价格上涨时，人们通常会减少对其的消费量，以避免在该商品上增加过多的成本。但是 CPI 指数却没有考虑到这个问题。类似地，尽管随着时间的推移，产品和服务的质量总体会提高，CPI 指数却没有针对这一事实进行适当调整。总体来说，根据估算的结果，一直到最近几年，CPI 指数大约每年平均会高估通胀水平 1.1 个百分点。修正后的 CPI 指数仍然会每年高估大约 0.8 个百分点。因此，现在当你听到报道说，CPI 指数的上升表明价格水平上涨了（比方说）1.8%，你应该意识到实际价格可能只上升了 1%。然而，社会保障救济却会自动提高整整 1.8%。

这里，0.8 个百分点和 1.1 个百分点听起来似乎并没有太大区别。并且如果这种不同只是偶尔发生一两次，可能不会有什么大问题。但近 40 年来几乎年年如此，这种额外增加的比例都会累积到社会保障支出中去。在一段较长的时间之后，即使是很微不足道的向上偏移累积起来都会让**购买力**水平产生很大的变化。事实上，在这几十年里，社会保障体系所提供的不断上涨的救济金已经将实际（通货膨胀调整后的）社会保障福利提高了大约 50%。所以，尽管很多人都觉得社会保障救济是一笔固定金额的收入，但现实情况是，救济金的上涨速度甚至比通货膨胀率还要快。

神话三：存在一种社会保障信托基金

社会保障体系刚刚建立的那几年，政府向民众征税，但是并不派发社会保障福利。收集来的资金都被用于购买美国国债，这些累积下来的债券资产被称作社会保障信托基金。即使在今天，征上来的税收收入（指**工资税**）仍然要比支付的救济金多——现在大约每年高出 1 500 亿美元——所以信托基金所持有美国国债的账面规模已经超过了 2 万亿美元。最终，基金规模在达到 2.6 万亿美元之后，退休的"婴儿潮"一代领取的补贴将会超过每年征得的收入所得税。这些国债会被出售以弥补两者之间的差额。在 2040 年左右，所有国债都会被卖出，此后所有超出工资税的社保福利支出都需要现有税收体系之外的其他资金支持。

传统的故事认为（至少政治家们会这样想），信托基金所持有的债券代表了净资产，类似于私人养老金计划所拥有的资产。但这是错误的。国会其实早就把过去超过救济金的那些税收款用了出去，并且只给了信托基金一堆借据。这些借据又叫做美国国债，它们不过是美国财政

宏观问题经济学（第五版）

部许下的承诺，未来会对一些人征税以支付社保福利。如果到了信托基金需要将手头借据变现的时候，国会将通过提高税率，削减其他项目的支出，或者借更多的钱来维持基金运转。但即便信托基金没有持有国债，社会保障支出最终必须以税收来弥补差额这一观点也是成立的。所以无论成立信托基金时国会有着怎样的计划，支持该基金的唯一资产都是而且只是所有美国人的一项义务——在未来缴税。

神话四：你也会领到社会保障金

社会保障对于艾达·梅·富勒（Ida Mae Fuller）来说意义非凡，她是 20 世纪 40 年代第一个领取了社会保障金的人。她在退休前总共支付了 25 美元的社会保障税。1975 年去世时她已经 100 岁高龄，她领取的社会保障金总额高达 2.3 万美元。尽管艾达·梅获得的社会保障金比其他受资助者要高出一些，但早期受资助者的年平均实际回报率仍然高达惊人的 135％。（也就是说，在扣除了通货膨胀因素后，每 100 美元的初始纳税额都会在纳税人退休后的每一年带来 135 美元的收益。）

近些年退休的人已经不大可能获得这样的投资收益了，但是所有 20 世纪 70 年代前后退休的人在社会保障金上获得的投资回报比任何其他可能的投资方式都要丰厚。相对于投入，社会保障金的收益非常高，这主要是由于在每一段时间，现在的退休人员所领取的社会保障金都来自正在工作的人所缴纳的税收。社会保障为**现收现付模式**。它并不像是退休金计划那样，参与者向基金投入一定数额的存款，之后根据他们存入的金额以及基金的累积收益分得投资报酬。所以，只要社会保障体系每年能够吸引足够多的新人加入，这一体系就能够支付相对于税收收入来讲较多的社会保障金。但问题就在于现在支付社会保障税的人数已经难以维持高速增长的趋势，而退休人数却在与日俱增。不仅如此，如今新退休人员的涓涓细流将很快随着"婴儿潮"一代退出劳动力市场而变为可怕的洪灾。最后，坏消息会铺天盖地地到来。

有这样一个方法可以分析我们所面临的问题——主要是大家所面临的问题——的严重程度，那就是估算每一个在职人员需要负担的退休人数。在 1945 年，42 个劳动者共同负担一位社会保障福利受助者的成本。到了 1960 年，每九个劳动者需要为一位领取社保救助的人买单。在今天，这一比例才刚刚达到四个人。到 2030 年左右，不到三个劳动者就需要供养社会保障计划中的一位受助者。

即将到来的税单将令人瞠目结舌。如果我们立即把社会保障税（工资税）税率从现在的 15.3％提高到 19％以上——超过 24％的涨幅——并在未来 75 年内保持这一水平不变，社保体系的收入才有可能大到足以满足兑付的需求。但这样的操作却会是美国历史上税收增长幅度最大的一次，由于太过极端因此不大可能发生。然而，国会每耽误一天，情况就会变得更糟糕。如果国会等到 2030 年才下决心提高税率，那么税收涨幅至少要达到 50％以上。实际上，在一些评论员看来，除非社会保障体系有了根本性的变革，否则仅工资税一项就需要达到工资的 25％——当然还有常规的联邦政府、州政府、地方政府的收入所得税。

那么，会有哪些可能的变革呢？比如说，规定提高可以申领社会保障福利的年龄下限。立法机构如今已经在筹划将可以领取全额社保金的年龄从现在的 66 岁提高到 67 岁。毫无疑问的是，这一年龄下限会在未来进一步提高，或许会提高到 70 岁。不仅如此，很可能所有的（而不是其中的一部分）社会保障福利收入最终都需要交纳联邦所得税。甚至还有这样的可能性：一些高收入的个人会因为从其他渠道获得的收入已经很高了而丧失领取社会保障金的权利。

所以这一切对你来说意味着什么？首先，从理论上说，当你退休时社会保障体系应当还是存在的。尽管相比今天，那时候的退休年龄会更高，到手的社会保障金也会显著减少。当然，严格来说，当你达到申领社会保障金的最低年龄时，社会保障信托基金也可能已经为你准备好了社会保障金。但是不论从现在到你退休时社会保障体系发生了怎样的变革，有一件事你现在就可以确信无疑：未来联邦政府会给你开一张面值更大的税单。

◀◀ 思考题 ▶▶

1. 社会保障体系的资金都到哪里去了？

2. 65 岁以上的老年人很好地维护并提高了他们从社会保障体系领取的实际福利。但这一切却是以社会上其他人（尤其是那些年轻人）的

宏观问题经济学（第五版）

付出为代价的。你觉得老年人为什么能够在与年轻人的政治斗争中占据上风？

3. 分析以下几条假设的政策变化会如何影响人们关于是否退休的决定。这些政策上的变化会让人们更早还是更晚退休？给出你的推理过程。

（a）提高可以领取全额社会保障福利的年龄下限（现在已经按照个人的出生年份，从 66 岁提高到了 67 岁）。

（b）降低在 62 岁时退休能够领取的社会保障福利比例（目前现行的标准是全额社会保障金的 75%）。

（c）享受医疗保险的最低年龄从现行的 65 岁进一步提高。

（d）需要缴纳联邦所得税的社会保障金的比例从最高 85% 提高到 100%。

4. 如果一个人在达到最高退休年龄之前就开始领取社会养老保险，但同时也在继续工作，那么他每收入 2 美元（高于中等水平），养老保险金就会减少 1 美元。社会保障体系对于这种工作收入征收的有效**边际税率**是多少？解释你的理由。

5. 在达到全额领取社会保障金的退休年龄后，个人每推迟领取社会保障福利一年，社会保障金就会上涨 8%。（这种福利的"猛增"最多在老年人 70 岁时就会结束。即便之后继续推迟领取社会保障福利，其金额也不会再继续上涨了。）相对于一个社会保障金不以这种方式增长的体系，这种福利的增长对于 70 岁以前退休的老人具有怎样的激励？解释你的理由。

6. 社会保障体系的存在对于劳动者为自己退休后的生活存钱的做法会有什么影响？同时，社保体系对劳动者把攒下来的钱作为遗产分给子女的行为又有什么影响？解释你的理由。

第四部分
货币政策和金融机构

第 20 章　美联储与金融恐慌

　　1907 年的恐慌开始于奥托·海因茨（Otto Heinze）一次失败的尝试，他曾计划要"垄断"联合铜业公司的**股份**。当时，海因茨预期联合铜业公司股票的市场需求在近期会有所增加，进而想到如果他能够在其低价时迅速地购买大量股份，然后在高价时卖出，就可以获得一笔可观的**利润**。然而，他的判断最终被证明是错误的，他不得不在一个灾难性的低价位清仓。最终的结果不仅仅是他自己的股票经纪公司倒闭；更糟糕的是，公众对于那些持有联合铜业公司大量股份的银行的财务状况渐渐失去了信心。同时，那些与奥托的兄弟奥古斯都（Augustus）的公司有业务往来的银行也面临着同样的问题，人们对其财务状况的信心一落千丈。

　　所有的这些银行都遭到了**银行挤兑**，大量客户不约而同地取回他们在银行的存款，最终，一些银行以破产告终。这场银行业的恐慌不久更广泛地传播开来，甚至威胁到整个金融体系的安全。直至著名的资本家 J. P. 摩根（J. P. Morgan）引导很多银行成立了一个联盟，并且相互为彼此的债务负担做后盾，这场恐慌才最终被终止。

美联储的成立

　　1907 年的恐慌因引发了 1907—1908 年的经济衰退而臭名昭著，但是其长期的重要价值却体现在别的地方。为避免 1907 年金融灾难的重演，国会于 1913 年建立了**联邦储备系统**，通常被称作**美联储**。美联储现在是国家的金融管理部门，此外，也是应对金融恐慌的第一道防线。

　　正如在 1907 年的这一次金融恐慌中被证实的那样，造成很多银行悲剧的关键在于：它们没有能力将它们的资产转变成处于恐慌中的存款者所迫切想要的现金。所以美联储被当作"最后贷款人"创造出来，用于服务国内的**商业银行**。国会授权美联储可以向银行借出资金以满足银

宏观问题经济学（第五版）

行存款人的兑现需求，无论其需求的现金额有多大。其目的在于消除美国爆发另一次金融恐慌的可能性，客观地说，这一目标如果能够达到，将会有效地降低美国经济**衰退**的次数和严重程度。

错失良机

美联储第一次真正履行最后贷款人这一职责——这也是其被创立的目的——的机会是在 1930 年，这一年一些著名的纽约银行陷入了财务危机。这几家银行和很多其他银行的客户因担心银行状况不佳，开始收回他们的资金。人们对于银行的悲观心理逐渐蔓延，这一场景正是美联储成立时设定需要应对的情况——然而它却毫无作为。最后导致了银行业的恐慌以及日益严重的经济恶化。

在接下来的一年，当公众对银行业丧失信心时，美联储又有两次机会去扮演最后贷款人这一角色，但是美联储再一次错过了。其结果就是 1931 年卷土重来的银行业恐慌以及从那以后这场极其严重的经济衰退的逐步加剧。1933 年初，美联储仍然有可能挽回公众对于银行系统不断下降的信心，但是它又搞砸了。随之而来的银行业恐慌是灾难性的，并且将人们众所周知的大萧条带入了最严重的阶段。这也难怪当时的美国总统赫伯特·胡佛（Herbert Hoover）把美联储比作"国家在危难时刻所依赖的一根脆弱的稻草"。

经验教训

在大萧条结束 30 年之后，诺贝尔经济学奖获得者米尔顿·弗里德曼（Milton Friedman）和安娜·施瓦茨（Anna Schwartz）出版了著作《美国货币史》。除了其他内容外，这本书详细地介绍了美联储在 20 世纪 30 年代的过失。这本书里的经验至少被两位后来的美联储主席所吸收——首先是从 1987 年至 2006 年长期担任美联储主席的艾伦·格林斯潘（Alan Greenspan），另一位是格林斯潘的继任者，本·伯南克（Ben Bernanke）。

格林斯潘让美联储充当银行系统的最后贷款人的时机发生于 2001

年 9 月，那是在恐怖分子发动对世贸中心大厦的袭击之后。银行很快发现它们需要快速注入大量资金才能应对恐慌的存款人大规模的取现浪潮。这一次，美联储迅速地介入并提供了资金，好让银行在满足客户的取现需要时不必在价格低迷的情况下仓促出售**资产**以套现。恐怖袭击事件的影响无疑是在立法者成立美联储时没有料到的。即便如此，美联储还是很好地承担了最后贷款人这一角色，当然也实现了它的创建者的目标——防止金融恐慌。

2008 年的恐慌

在接替格林斯潘当上美联储主席仅仅两年之后，本·伯南克拥有了一次让美联储发挥更大作用的机会。2008 年末，公众对美国金融体系的信心快速坍塌，并导致许多大型金融企业站在了破产的边缘，更有甚者已经彻底倒闭。许多商业银行、投资银行乃至保险公司都突然陷入了非常糟糕的形势。在全美范围内，那些潜在的借款人发现自己无论从谁那里、以任何利率都无法获得资金。尽管情况不同于 1907 年，商业银行并不是恐慌的中心，但有一点是毋庸置疑的：2008 年的恐慌对于美国经济的威胁和 100 年前的那一次如出一辙。

鉴于不作为的巨大代价，美联储反应迅速，维护并重新获得了大众对金融体系关键组成部分的信心。但这一次，美联储的政策比过去任何一次都要宽泛得多。举例来说，从历史上看，美联储只向商业银行以及联邦政府自身发放贷款。但是在 2008 年，美联储直接向国内非银行公司提供的贷款高达上千亿美元，这其中就包含给保险业巨头美国国际集团的几百亿美元资金。不仅如此，美联储也开始收购政府资助的**抵押贷款**市场巨头房利美和房地美的债务，希望后者能够为购房者提供更多的贷款。最后，美联储甚至与商业银行达成了如下交易：把美联储所持有的数十亿美元的无风险联邦政府**债券**与商业银行所持有的高风险私人债券进行互换。实际上，通过这一措施，美联储就帮助商业银行把价值可疑的高风险资产从**资产负债表**里移除了，从而降低了忧心忡忡的储户突然将大笔资金从商业银行取回的可能性。

超额准备金的浪潮

从获得的大量存款中，商业银行必须在手中留出最低限度的**准备金**，要么放在它们的保险库里，要么存放在美联储。这些被称作**法定准备金**。那些超过最低限额水平的准备金被称作**超额准备金**。在过去的70年里，银行所持有的超额准备金一直维持在较低的水平，整个银行体系加起来的总和也不过几十亿美元。这没有什么好奇怪的。在正常年份里，银行一般仅持有能够应付客户日常交易需求的超额准备金，因为它们能够从放出的贷款中赚取利息。

到2009年，超额准备金猛增到超过8 000亿美元，甚至一度达到了1.2万亿美元的最高值。所有准备金（法定和超额准备金之和）的陡然上升是由于美联储为购买其他资产而向银行系统注入了大量准备金。美联储的采购对象包括商业票据（私人公司发行的债券）、信用卡还款与住房抵押贷款支持证券，甚至还包括住房抵押贷款本身。可是美联储提供的所有准备金几乎都原封不动地躺在那里——在银行保险库中或是存放在美联储——因为银行几乎一个子儿都没有贷出去。

全美范围内的银行都紧握着超额准备金，主要有以下三个原因。第一，萎靡的经济形势意味着借款人具有更高的风险，从而在任何利率水平下银行的获利水平都会下降。第二，存款人非常关注商业银行的财务状况。因此，银行希望能够在手上握有大笔资金——以超额准备金的形式——以确保它们能够应对存款人不断增加的兑付需求。充满讽刺意味的是，第三个令商业银行不愿意对外贷款的原因是美联储自己实施的一项新政策。

支付准备金利息

在2008年，美联储开始向商业银行持有的准备金支付利息，这是史无前例的。美联储不仅仅对法定准备金支付利息，甚至对超额准备金也是如此。这一政策鼓励了银行持有超额准备金，而不是将它们借给客户。这样一来，向商业银行准备金支付利息的政策就使得企业和个人更加难以获得贷款。（更多这方面内容请参见第 21 章。）

总的来说，在最近这一次衰退中，美联储的措施是否能够达到 100 年前其创立者们的预期还有待观察。通过向银行和其他金融机构提供资金，美联储帮助降低了金融恐慌的影响，并成功阻止了大规模的商业银行挤兑浪潮。然而，美联储为准备金支付利息的做法显著抑制了银行向国内的企业和私人借出准备金。这无疑放慢了经济从衰退中恢复的步伐。总而言之，只有通过时间和进一步的观察才能断定，美联储在衰退期间的做法是让我们变得更好还是更坏。

◀◀ 思考题 ▶▶

1. 美联储对银行准备金不支付利息的长期政策与向银行准备金征税有何相似之处？

2. 如果美联储继续支付法定准备金的利息，但是停止支付超额准备金的利息，那么银行发放贷款的激励会有怎样的变化？

3. 如果美联储在 2008 年没有向银行体系注入准备金，那将会对银行和**总需求**产生什么影响？

4. 到 2010 年末，公众对于银行兑付能力的关注开始减弱。这一变化会如何改变银行对于借出超额准备金的激励？对于**总需求**来说，这有什么意义？解释你的理由。

5. 从长远来看，如果美联储无法清理银行体系中的超额准备金，银行将怎样处理这笔准备金？这对于通货膨胀来说有何意义？解释你的理由。

6. 美联储在 1913 年被授予极大的权力以实施那些可能有益的政策。这种做法是否也赋予了美联储从事潜在的有害行为的权力？解释你的理由。

第 21 章 美联储正助长疯狂

"QE1 似乎没什么作用，但是 QE2 看起来充满了希望。什么时候会实行 QE3？"

如果你对引言里的这几句话一点都不了解，这并不奇怪，因为有很多人跟你一样。缩略词"QE"的起源是这样的：财经评论员几年前开始广泛使用一个新名词来描述一个旧概念。这个名词就是**量化宽松**（QE）。相应的，"QE1"指的是 2008—2009 年间，美联储在最近这一次严重的经济衰退中所采用的扩张性货币政策。QE2 是指美联储从 2010 年 11 月开始实施的扩张性货币政策。QE3——谁知道什么时候会来？

货币政策——过去的操作方法

历史上，美联储最主要的货币政策工具一度是购买和出售美国政府债券，通常是**国库券**。当美联储计划实施扩张性货币政策时，它会在**公开市场**上购买国库券，从而增加银行体系的**准备金**。那些**超额准备金**（超过**法定准备金**的部分）会被银行用来增加贷款。在这一过程中，**货币供应量**会增加，从而会增加总需求。紧缩的货币政策与之截然相反——美联储卖出美国政府债券，进而减少银行的准备金。最后，流通中的货币供应量以及总需求都会下降。

但这都是过去的事了，为了应对金融危机，美联储的货币政策在 2008 年末突然转变。

美联储开始偏爱其他资产

在其存在的最初 95 年里，美联储只与美国政府的债券打交道。但随着美联储在 2008 年决定把目标投向经济体中的特定部门，一切都发生了改变。美联储不再关注传统的扩张性货币政策，转而开始购买美国政府债券之外的其他资产。这是前所未有的。

美联储已经购买的（并且还会继续购买的）资产包括短期公司债务、给银行的短期贷款、**抵押贷款支持证券**（大多数是由政府资助的两家公司房利美和房地美所发行的）、其他由房利美和房地美所承担的债务，以及原投资银行贝尔斯登和保险业巨头美国国际集团的优先股。哦，我们当然不能忘了美联储在一年前与其他国家进行的**货币互换**交易——相对于其他业务，这也许是变大了的蛋糕上的一层糖衣。

对于各种资产的购买显著增加了美联储**资产负债表**的规模，丰富了其内容。就在近些年，美联储"拥有"的美国政府国库券价值始终在数十亿美元到上千亿美元之间。但是 2011 年，美联储拥有的资产总额大约为 2.5 万亿美元（包括作为量化宽松政策的一部分所购买的价值数千亿美元的"新"证券在内）。

所以，用一句话来概括，美联储传统的货币政策在 2008 年突然改变了。相对于以往寻求泛泛地刺激整个经济体，美联储开始向金融市场的一些特定部门（甚至是一些特殊的企业）提供信贷，而这些部门或企业往往被私人贷款人所抛弃。在其历史上，美联储主席和董事会还从未实行过这样惠及经济体中特定部门的歧视性政策。

为什么没有引起通货膨胀？

根据传统的货币政策分析，当美联储通过购买美国政府债券积极向流通体系中增加货币时，银行体系会突然增加很多超额准备金。由于不希望失去运用这笔超额准备金获取收益的机会，存款机构会增加它们的贷款，从而货币供给量会上升，总需求会增加。至少，经济学家过去总是这样说的。

然而，正当 QE1、QE2 等新闻频繁占据头条时，美国的中央银行体系发生了一次重大改革。从 2008 年 10 月 1 日起，美联储开始向存款准备金（包括超额准备金在内的所有存款准备金）支付利息。尽管一些货币经济学家为美联储是否应当向法定准备金支付利息而争论了几十年，但从来没有人认为超额准备金也应当计算利息。美联储的这一政策转变将超额准备金也变成了银行可以获得收益的资产，并且从根本上改

宏观问题经济学（第五版）

变了货币政策的传导性质。

如果你是一位银行经理，在得知美联储会对超额准备金支付利息的消息后，你将不大可能会积极地把超额准备金借出给企业和个人。毕竟，如果你向企业和个人贷款，就会承担一定的风险。在2007—2009年的经济衰退期，这种贷款风险要比正常年份高得多。为什么不轻松一点，通过存放的所有准备金从美国政府那里领取利息收入，并且看以后的形势再做打算呢？

当然，这正是很多银行在过去几年里所采用的政策。数字可以说明一切。当不能带来利息收入时，超额准备金就是银行创收的累赘，银行通常只将其保留在最低限度。一般来说，整个银行体系的超额准备金大约维持在20亿～30亿美元。而在2011年，这一数字一度超过了1.2万亿美元，此后尽管有所波动，仍然维持在8 000亿美元以上。因此，2008—2011年间，向银行体系注入的大部分准备金并没有以新增贷款、新增货币或者新增消费等方式流向市场。取而代之的是，它们都只是以新增超额准备金的形式待在那里。这意味着美联储"扩张性"量化宽松的政策效果几乎完全被向超额准备金支付利息的做法所抵消。其结果就是总需求的上升十分有限，推高通货膨胀的压力也几乎微不足道——至少在短期来看是这样。

需要更多的通货膨胀

近几年，美联储一直在告诉记者和有关专家，它对**通货紧缩**（见第11章）感到担忧。通货紧缩总是与经济不景气相关——比如说美国的大萧条期间以及日本经济在20世纪90年代经历的"失去的十年"。在2010年11月对量化宽松政策（QE2）的合理性所进行的阐述中，美联储提出"需要"一定的通货膨胀，以避免经济陷入通货紧缩的旋涡。

实际上，根据个人消费支出价格指数测算，过去每年的通货膨胀率大约在1.2%，这一数字在2010年底到2011年间跃升至2%。换句话说，按照美联储长期以来所偏爱的价格指数衡量，该指标并没有显示出通货紧缩的迹象。所以此次美联储宣布实施量化宽松政策以避免通货紧缩的做法未免有些奇怪。尽管如此，令美联储对通货紧缩感到担忧的原因还是比较容易判断的。在没有引起广泛关注的情况下，美联储在2010 年把衡量通货膨胀率的指标由个人消费支出价格指数更换为消费价格指数（CPI）。相比于个人消费支出价格指数，CPI 指数中住房价格的权重几乎是前者的两倍。考虑到房价从 2006 年到 2010 年间的急剧下跌，CPI 指数会表现出通货紧缩的迹象（尤其是在 2008 年）就不足为奇了。

回到量化宽松政策

即便有关通货紧缩的担忧仅仅建立在更换了价格指数的基础上，美联储希望采取措施刺激困境中美国经济复苏的出发点也是好的。从2007 年 12 月开始的经济衰退使失业率一度超过 10％，甚至连回落到9％的水平都非常缓慢。因此，美联储坚称，QE2 的实施会降低长期利率，从而能够推动经济复苏。

当美联储全部买进政府及其他各种债务时，它就是在鼓励投资者进入股票市场和购买公司债券——这会提高二者的价值并降低利率。更低的借款成本将有助于购房者还清他们的抵押贷款。由于能够以更低的成本获得贷款，很多企业也会从中受益。这是传统的分析方法，并且也曾经多次奏效——在短期内。从长期来看，与之相反，大规模购买债务，无论是否贴着量化宽松的标签，最终都会导致更高的通货膨胀率，并且让利率回到甚至超过先前的水平。

所以，美联储很可能被认为是在作茧自缚。向银行体系投入的大量准备金有效缓解了 2007—2009 年的衰退，但是对准备金支付利息的做法又延缓了经济复苏的步伐。如此大规模的超额准备金的存在使通货膨胀成为未来的巨大潜在威胁，但如果从银行体系中抽出准备金的速度过快，又会让经济再次陷入衰退。这是典型的左右为难的经济政策问题。一方面，经济体面临严重的通货膨胀威胁。另一方面，经济体又面临再次陷入衰退的威胁。就让我们拭目以待，看看这出经济大戏最终会以怎样的方式得到解决。

◀◀ 思考题 ▶▶

1. 为什么流通中的货币供应量增长最终会导致通货膨胀？

2. 美联储在 2008 年金融恐慌期间针对经济体中特定部门的刺激方案是否合理？你认为合理或不合理的原因是什么？

3. 当美联储购买美国政府债券时，是以何种形式支付的？

4. 美联储持有房利美、房地美发行的住房抵押支持债券以及其他债券是否存在风险？如果有，是什么风险？

5. 为什么超额准备金在近几年增加了这么多？

6. 为什么商业银行在近几年都不愿意向企业发放贷款？

第 22 章　存款保险与金融市场

在 2008 年恐慌期间，联邦政府宣布了一项重要的新政策：政府会为所有银行存款投保以避免可能发生的损失，保额最高达到了每个账户25 万美元。所以，即使你的存款银行恰好持有了一些有害的（可能甚至是毫无价值的）**抵押贷款支持证券**，你仍可以高枕无忧。就算银行会面临巨大的损失，甚至走向破产，但是你的个人账户，只要是在 25 万美元以内的资产都会由上帝和美国政府——也就是说，由美国的纳税人来做担保。

如果你凑巧注意到了这一政策的颁布，你可能会忍不住自问：为什么政府要这么做？举例来说，尽管联邦政府同时购买了很多银行的**股份**，但这些股票的价值肯定没有保证。为什么会对存款区别对待？一个更加敏感的问题是：银行和其他**存款机构**的行为方式会因为这样特殊的存款保险发生什么变化？同时，你可能也想知道这种保险将使自己的行为产生怎样的变化。为了对这些及其他诸多问题有一个清晰的理解，我们必须从 20 世纪 30 年代说起，那时候存款保险这一概念还没有被发明出来。

银行挤兑

银行挤兑指的是存款人同时将存款转换为**现金**。直到 1933 年联邦政府建立存款保险制度之前，银行挤兑一直不大常见，但似乎又是无可避免的一件事，有时甚至会在经济**衰退**时广泛扩散。现代社会银行挤兑事件发生的次数最多的一回是在大萧条期间。结果，9 000 多家银行在20 世纪 30 年代倒闭。

把你自己想象成一个 1930 年时某家银行的存款者，同时记住你是这家银行的**债权人**。也就是说，你放在银行的存款都是银行的**负债**。假设现在谣言四起，人们都说这家银行的**资产**已经不足以弥补其负债了。换句话说，这家银行已经或者将要变得**资不抵债**。很可能，你会担心无法将存款取现。在听到这些谣言后，你也许会立刻冲到银行。所有其他储户在得知银行财务状况可能有问题的消息后，也都会做出与你相同的事情。

这就是银行挤兑的关键所在：无论银行真实的财务状况如何，关于银行陷入危机的谣言和人们的恐惧会让存款人突然取回他们的所有资金。但是银行的大量资产是以贷款的形式存在的，因而无法迅速转换为现金。即便是有偿付能力的银行，也会因为手头现金不足以满足恐慌的存款人的提款需求而被说成流动性不足。当银行想通过出售资产获得现金时，这些资产市场价值相应的下降又会迅速让一家原本**有偿付能力**的银行变得资不抵债。

银行挤兑对经济体来说可能会演变成一场灾难。因为当它发生时，一国的**货币供应量**会随着人们从银行中将现金取出并藏在自家的床垫下（或者是任何其他他们认为安全的地方）而收缩。相应地，这会带来**总需求**的下降，并导致失业率的上升、企业破产，以及人们对于银行偿付能力的更大关注。很快，局势就会演变成一场经济衰退和大面积的萧条。

存款保险

1933 年当破产的银行超过 4 000 家时，联邦政府决定要采取措施防止更多的银行挤兑。那一年，国会通过并由总统签署了一项法律，批准建立了联邦存款保险公司（FDIC），一年后又成立了联邦储蓄贷款保险公司（FSLIC）。在多年后的 1971 年，国家信用社份额保险基金（NCUSIF）成立，用于保障信用社存款；1989 年，联邦储蓄贷款保险公司被储蓄协会保险基金（SAIF）所取代。为使我们的讨论尽量简化，我们在本章将只关注联邦存款保险公司，但是其原理适用于所有机构。

当联邦存款保险公司刚成立时，它为商业银行的所有账户都提供保险，保险金额最高达到 2 500 美元。这一数字在此后经历了七次上调，最终在 2008 年达到了 25 万美元。虽然有很多银行在这几十年中倒闭破产，但联邦存款保险制度的建立使得美国自大萧条以来再也没有发生过大规模的银行挤兑浪潮。即使是在 2008 年的恐慌期间，当公众对很多金融机构已经失去信任时，联邦存款保险机构仍在正常运转。实际上，在它们那里的存款总数是上涨的。关于联邦存款保险机构的好消息是，它能够防止银行挤兑。但是这一成果的代价也是巨大的，很大一部分成本来自建立存款保险制度时未预期到的一些后果。

逆向选择

假设有人告诉你，他有一个非常好的**投资**机会。他说只要你投资25 万美元，就能够获得一个非常高的投资收益率，比如说每年 20%，这将远远高于你的存款能够从其他途径获得的 3% 的回报率。无论你对向你提供该消息的人有多么信任，你大概都会在把辛苦攒下来的 5 万美元交给他之前认真地对该投资项目做一番调查。与其他人一样，你会很谨慎地评估涉及这个潜在机遇的风险因素。

例如，如果你打算从**存款**中拿出一部分钱用来买房子，毫无疑问你会在把名字签到合同上之前找一个专家帮你研究房屋的结构。类似地，如果想购买一件价格昂贵的艺术品，你自然会请一位无利益关系的行家帮你鉴定这件工艺品的真假。每一次当你想要把积攒下来的存款取出一些进行可能的投资时，道理都是一样的：三思而后行。在上文提到的几种情况下，往往存在着**信息不对称**——这时，卖家比潜在的买主知道的要更多。但是在积极的努力下，买方还是有可能消除认知上的差距，并做出明智的决策。

现在请问你自己一个与你办理支票账户或存款账户的银行有关的问题，上一次你研究这种存款机构的财务状况或放贷活动是什么时候的事？我猜你应该从来没想过这个问题。实际上，你为什么要去研究这些呢？由于联邦存款保险的存在，即便你存钱的那家金融机构存在巨大的风险，你个人也是不需要承担风险的。如果这家存款机构破产了，联邦政府将会——有 100% 的把握——确保你能够领回保险额度以内的100% 的存款。

因此，这里我们可以引出存款保险制度第一个预料之外的后果。像你我一样的存款人将失去对银行所有人、经理过去业绩记录进行调查的动机。你不会再关注他们是否有过一些冒险的、轻率的行为，因为就算

宏观问题经济学（第五版）

在最糟糕的情况下银行倒闭了，你也只不过会遇到一些小麻烦而已。所以，与没有存款保险时的情况不同，今天的市场很少关注与惩罚存款机构的所有人和经理过去的表现。这会导致一个结果，那就是**逆向选择**——拥有和管理银行运作的将不再是那些代表存款人的利益谨慎做出每笔投资决策的人，取而代之的是那些会拿别人的钱去冒巨大风险的经理人。

道德风险

现在，我们来看一看在发放贷款时，能够让银行经理谨慎行事的激励都有哪些。首先，你必须知道，一笔贷款的风险越大，银行收取的利息就会越高。举例来说，当一个还款记录有瑕疵的发展中国家希望从美国的一家存款机构贷款时，该国所承担的利率就会比风险较低的客户要高得多。同样，当一家高风险的公司前来融资时，如果最终获得了一笔贷款，该公司需支付的利率也一定高于平均水平。

在决定哪些贷款申请人能够获得资金时，银行经理必须权衡风险与收益之间的关系。在能够还清债务的前提下，较高的信用风险会带来较高的**利润**，但是信用风险较小的借款人还款却更有保证。正确的决策意味着银行能够获得较高利润，对经理个人来说就会有更高的工资和更多的晋升机会。而错误的决策会导致银行亏损甚至资不抵债，对经理个人来说将带来一段新的、但不那么令人满意的职业生涯。

为了搞清楚银行经理的动机会随着存款保险发生怎样的变化——甚至那些原本会小心翼翼的经理也会有所改变——让我们考虑两个不同的场景。在第一个场景中，一位银行经理从存款人的资金中拿出 25 万美元去了拉斯韦加斯。游戏的规则是该经理可以按照他/她的意愿下赌注，银行会和存款人一起平均分摊托管在经理手中的这笔钱所产生的收益和损失。在第二个场景中，同一位银行经理带着相同数目的资金，但是规则却有所不同。这一次，银行不会分摊损失，但是仍会分享该经理在拉斯韦加斯通过赌博获得的收益。

你认为在哪一种规则下，银行经理会在拉斯韦加斯赌博时冒更大的风险？显然，该经理会在第二个场景中更为激进，因为就算损失了全部

25万美元，银行也不需要承担任何后果。但是如果这名经理猜中了，比如说，在美式轮盘游戏中成功压中两个零，那么银行就能获得一部分利润，该经理也很有可能得到加薪和提升。

好吧，其实第二个场景恰好反映的是存在联邦储蓄保险时，银行经理所面临的选择。如果他们放出一笔有风险的贷款并因此获利，至少在短期会产生较高的利润，银行就有机会分享"收益"。等待经理的会是更高的工资。如果，与之相反，这些存在风险的贷款最终无法偿付，那结果会怎么样呢？由于联邦政府（其实是在说纳税人）会填补银行资产与负债之间的缺口，银行的损失也会十分有限。因此，联邦存款保险意味着银行可以享受所有的风险利润，而不用承担这种风险的后果。

所以存款保险制度第二个意料之外的后果是鼓励了**道德风险**。具体来说，无论哪种类型的银行经理（风险偏好者还是规避者）都愿意在做贷款决策时冒比平时更大的风险。实际上，当20世纪80年代早期经济下滑时，我们能够清楚地看到这种激励的后果。从1985年到1993年初，共有1 065家银行倒闭，这一比例是之前40年来平均水平的十倍。这些银行破产的损失总计数十亿美元——大部分由纳税人来承担。

所以，当2008年存款保险额度上升到25万美元时，你认为会发生什么？或许在短期，公众对银行的信心得以重塑，存款人能够安心地把更多的资金放在银行。这本身是个好消息，因为它能够帮助经济体应对2008—2009年的金融动荡。但是从长期看，坏消息迟早会到来：越来越高的存款保险额度会同时鼓励逆向选择（更多的风险偏好型银行经理）和道德风险（所有类型的银行经理都更加喜欢冒险）。最终，银行的贷款标准会越来越低，以至于损失越来越高，纳税人将不得不为其中的一部分损失买单。

存款保险的代价

在联邦存款保险制度刚成立的60年，所有存款机构都需要为保险金额缴纳一定的费用。但遗憾的是，存款机构所交的保费与它们发放贷款的风险毫无关系。一家给微软公司提供贷款的银行所交的保险费与一家给还没有信用记录的新兴公司融资的存款机构所交的保险费是一样的。

因此，银行为存款保险所支付的费用完全不能激励经理们变得更加谨慎。这与私人保险市场的情况截然不同，在那里高风险的客户需要缴纳额外的保险溢价，从而能够给予他们一定的激励降低自身存在的风险。

在 20 世纪 90 年代早期，联邦政府进行了一次很软弱的尝试，希望调整存款保险费率，使其能够反映出银行贷款活动的风险。但是来自存款机构的政治压力使得存款保险制度不可能有根本性的改变。2008 年，存款机构支付的保险费用翻倍了，即便这样，保费仍然无法弥补更高的保额所带来的风险。在 2009 年，保险制度又做了一次更改：银行的风险被分为四类，每一类会收取不同的保费。尽管相比于过去这是一个极大的进步，但很多专家仍认为，存款保险制度对银行收取的费用还是不能匹配银行给保险系统本身带来的风险。也就是说，现有的保费还是无法弥补风险最大的银行潜在的损失，也不能让银行改变它们冒险的行为方式。

所以如果你的银行经理正在前往拉斯韦加斯的路上，你最好还是老实待着努力工作。因为作为一个美国纳税人，为存款保险所缴纳的税单是早晚会来的。

◀◀ 思考题 ▶▶

1. 如果银行不需要为联邦存款保险支付费用，当一家存款机构倒闭而存款人的储蓄却得到了全额偿还时，谁将为此买单？

2. 在一个没有存款保险的世界，存在哪些"惩罚"银行经理们不负责任的行为的机制？（提示：在日用消费品及股票市场有一些类似的机制。）

3. 解释保险的"经验费率"——对高风险的客户收取较高的保险费——会如何影响逆向选择和道德风险的发生率？

4. 为什么联邦政府不对银行破产风险进行全面的定价？

5. 如果联邦存款保险制度被取消，发生一次大规模经济衰退的可能性会有什么变化？

6. 联邦政府为什么不提供机动车意外事故保险？

第 23 章　信用卡危机

当你读到这段话时，很可能你已经有一张信用卡申请被银行驳回，或者注销了一张以前用过的卡。本章我们要讨论的并不是 2007—2009 年经济衰退所带来的信用卡持有量的减少，而是**美联储**的新规定（经国会扩大后）带来的影响。这一新政策最初的出发点是为公众利益着想，但是最终却导致了完全相反的结果。

我们所指的是联邦政府有关信用卡公司向客户收取利息及费用的规定。从 2010 年开始，即便经济体中其他部门的利率高涨，这些公司提高现有信用卡贷款余额的还款利率的权力受到了严格限制。不仅如此，信用卡公司向一些客户（这些客户包括信用记录较少甚至没有记录的人，以及那些信用记录糟糕的人）收取的费用也遭到了限制。最终，可以获得的信贷额度下降，信贷的成本不仅没有降低，反而变得更加昂贵。

对信用卡的抱怨

如果你使用信用卡已经有好几年了，或者你身边有别人使用，那你可能听说过有关信用卡公司的一些"骇人的故事"。比如，离谱的滞纳金、高额的利率以及信用卡公司强加的其他种种费用。这些传言的产生当然和一些公司不择手段压榨普通消费者有关。有些公司披着信用卡发行商的伪装，其实是在进行诈骗犯罪。

但是市场上大部分信用卡都是由那些希望能长期屹立于市场的公司发行的。它们所收取的利率和费用都是根据市场竞争确定的，并且会（经常是决定性的）取决于信用卡持有人的风险状况。这些公司的运作方式无可指责。然而，在 2008 年，美联储和其他管理信用卡发行公司的联邦机构认为，需要对这些信贷投机商们进行严格的约束。国会也在 2009 年介入其中，通过了一项法律以支持美联储的规定。因此，一套影响深远的新制度由此确立，并在 2010 年开始正式生效。这一规定的积极效果是可以保护很多消费者免受欺诈行为的侵害。这些新制度的一些方面已经被证实能够使一些消费者受益。但是新规定同时也严重影响了那些信誉良好的公司的经营方式。这一结果使得个人信贷额度下降，而贷款成本却变得更高——这一点你或许从遭受的挫折中能够有所感触。

对信用卡进行价格控制

在新的信用卡管理办法的各条细则中，最关键的条款是那些有关限制发卡公司依法收取利率及费用的规定。具体来说，这些公司只有在一定的条件下才能够提高征收的利率。不仅如此，只有新发生的费用才适用于提高利率的规定，过去的欠款余额则不能收取高利率——即使市场平均利率水平已经上升了很多，或者自从信用卡发放后借款人的信用状况就变得十分糟糕。另外，信用卡公司向顾客收取费用的行为同样受到了限制，无论是向借款数目超过了设定限额的客户收费，还是向信用评级较低的持卡人发行的次级信用卡收费都在受管制的范围内。

从实践角度看，这些条款所起到的作用类似于**价格控制**——对产品或服务的价格进行法律约束。本章中的控制是指价格上限，也就是利率和费用要低于竞争水平。此时，相对于成本，企业的收入会下降，从而导致**利润**减少，企业提供该产品的积极性就会受挫。在这里，这种产品就是信用卡持有人的贷款。在市场的另一边，由于法定的最高价格要低于均衡价格，消费者会根据**需求**法则做出反应。他们会努力获得更多的产品。在我们的例子中，消费者会试图通过信用卡更多地借款。由于需求数量上升，但供给数量减少，最终就会产生一部分超额需求：消费者希望获得的产品数量要远远高于企业愿意提供的。在这里，也就是希望获得的借款额上升，而企业愿意发放的贷款数却在下降。最终，超额的需求必须通过类似配给的制度才能得到满足。市场上的一系列后果都是可以准确预测的——并且通常会产生资源浪费。让我们看一看都会有哪些后果。

更低的信贷额度

首先，价格控制最重要的一条影响是减少了持卡人能够获得的信贷额度。企业已经减少了信用卡的供给量，这是因为，由于对利率和费用的限制，企业对信用卡业务的预期利润就减少了。同时，数以千计的持卡人也被强制注销了他们现有的信用卡，因为在现行的法规下，对于发行公司来说这些卡根本无利可图。不仅如此，信用卡公司还拒绝了更多的用户申请，因为它们再也无法承担发行并维护高风险客户所持信用卡的成本。最后，当这些公司真正发行信用卡时，通常也会把信用额度（客户的最高授信额度）降到最低。这是因为，对于任意信用评级的客户来说，信用额度越高，信贷额度的供给者的预期成本也就越高。简单来说，当信贷额度相对于借款人的还款能力有所提高时，推迟还款甚至拒不还款的可能性也随之增加。在新规定下，企业将无力弥补更高的损失，所以它们选择削减信贷额度。

信贷的成本更高

自相矛盾的是，限制利率和费用的净效果其实提高了很多（也许是绝大部分）消费者的实际成本。这是因为对利率和收费的限制降低了信贷的供给量，从而造成了超额需求，正如我们先前提到过的，需要通过类似配给制度的方式进行分配。为了实现商品的配给，消费者获得信贷的成本就必须上涨。在一个资源**稀缺**的世界里，价格上升是无法避免的。

一部分成本的增加会以更加复杂的申请手续反映出来，例如，现在再申请信用卡时需要提供更多的文件和证明材料。但是，还有另外一种更加重要的方式能够反映对信用卡实行价格控制之后信贷成本的增加。很多人因为无法获得年利息为 15％～30％的信用卡贷款，不得不向那些年利率平均在 30％～40％的消费金融公司借款。在另一些情况下，新制度的出台使那些信用记录不好的人生活变得更加糟糕。这些人中，

宏观问题经济学（第五版）

很大一部分甚至需要通过发薪日贷款①才能度日。这种贷款的持续时间通常在一周到一个月之间，换算成年利率的话高达每年 500%！因此，很多原本被认为应当是新法规受益者的人最终不得不为他们的贷款支付远高于之前的利息——差不多高出了 20 倍。

穷人越来越穷

当然，截至目前我们所谈论的各种变化——贷款机会减少，成本上升——并不是对所有潜在的持卡人都是均等的。具体来说，很多处在信用分级最顶端的富人客户基本毫发无损。有关费用和利率收取的新规定影响最大的是那些信用评价糟糕的群体——一般来说，也就是低收入者。最终，这些原本应当获得帮助的人实际上受到的损失最大。他们的信用卡申请被驳回，不得已向消费金融公司借款并承担发薪日贷款的高额利息。从富人的角度看，这是正常的商业行为。但是从弱势群体的角度来看，这又是一个政府法规的重大影响"出乎意料"的例子，也就是说，最终的结果完全背离了法规颁布时所宣称的目的。

浪费资源

毫无疑问，由于对利率和费用的新限制是一定会实施的，新法规将会刺激美联储、储蓄机构监管局、联邦存款保险公司官僚政治的滋生。由于信用卡公司也必须遵从新法规并且记录量增加，它们也同样面临着这些法规带来的更高的成本。由于利率和费用上限的规定，企业需要进行更多的信用调查并审阅更多的文件，很多资源都会被耗费在这些问题上。原本这些资源可以用在其他地方以提供更多产品，但现在却都投入到实施价格控制的新法规上。

---

① 这类贷款中的一个变种通常被称作"支票兑换现金"交易。这里给出一个简单的例子：借款人在今天收到 100 美元现金的同时，需要给贷款方开出一张 120 美元的个人支票，同时，贷款方同意在两周内不会兑付这张支票。这种交易所隐含的利率大约是每周 10%。

存款人也会受损

显然，关于利率和费用的新规定会减少客户能够获得的信贷额度。这也就意味着那些最终提供这些信贷资金的人也会遭受损失，因为对他们存款的实际需求量减少了。你可能会以为那些信用卡公司就是这些资金的最终来源，但这种想法是错误的。实际上，是广大普通存款人向信用卡持有人提供了这些资金。信用卡公司所扮演的不过是中间人的角色，它们把资金从存款人转移到了借款人手中。因此，那些拥有储蓄账户、货币市场基金或小额存款凭证的个人从他们的存款上能够获取的利率也会下降，因为借款人所偿还的利息已经受到了政府的控制。

我们的收获

新颁布的信用卡价格控制降低了市场将资金从存款人一方分配给借款人一方的效率。结果会导致我们的社会**财富**下降。但是新规定至少让我们了解到实施公共政策的几点关键原则：

没有免费的午餐。我们都希望监管层大笔一挥批准了一项法案，然后就能够"让它实现"，但是想着容易做起来难。在一个资源稀缺的世界，这根本不可能发生。价格控制会扭曲激励，提高成本，并减少机会。不仅如此，进行控制本身代价就很高，而且总是无法实现原本计划的目标，比如帮助那些弱势群体。

人们会对激励做出反应。当通过信用卡发放贷款的利润下降时，这些贷款的数目就会减少。当这一切发生时，就会激励人们去别的地方寻找资金。即使其他的选择十分昂贵，也比借款人什么都不做要更划算。人们之所以必须这么做，是因为他们无法再按照先前的方式行事。

眼见未必就为实。乍一看，信贷市场的现状似乎预示着人们的处境会变得更好，毕竟很多仍持有信用卡的人只需要支付较低的利率和较低的费用。但是这一判断忽略了人们在其他地方承受的高额成本，以及因为新颁布的价格控制而无法获得贷款所遭受的损失。

一项政策总是会产生一些意料之外的结果，因此它们所带来的净效

宏观问题经济学（第五版）

用几乎永远低于预期。毫无疑问，国会和美联储的政策制定者并不是故意颁布监管措施以抑制低收入群体获得贷款的机会。他们也不可能希望在新法规下，这些穷人们获得贷款时所需承担的成本上升。但是这恰恰是现实发生的事情，这表明新规则实际带来的净效用要远远小于政策制定者们原本的预期。

所以如果你也是很多信用卡申请被驳回的顾客中的一位，或者你注销了一张信用卡，又或者你不得已转而寻找成本更高的贷款，那么这里有一点结论可以作为安慰，至少你已经学到了一课：公共政策在实际生活中会如何发挥作用。

◀◀ 思考题 ▶▶

1. 你觉得为什么政府要控制消费者信贷（比如通过信用卡的）的利率，但是并不对商业信贷（也就是指商业贷款）做出类似的规定？

2. 对于那些依赖信贷申请的消费者而言，限制利率会对他们努力获得一张信用卡的激励产生什么影响？

3. 超过6.5万的个人和企业在美联储的新政策刚刚颁布后发表了他们的评论。浏览一遍这些评论（这些是公共档案）是否能够让你分辨这些个人和企业将从这一政策中获益还是受损？

4. 为什么限制旧的信用卡欠款的利率会降低企业对发行新卡的激励？

5. 如果政府对利率进行限制是一个非常好的想法，为什么我们不直接规定对所有贷款征收任何利率都是非法的？如果真的实行，这一政策会导致什么后果？

6. 对于信用卡的新限制是在整个经济体中的利率都位于历史性低位时颁布的。如果总体利率水平上升，限制利率的做法会产生多大的负面影响？请详细阐明。回顾一下本章所提到的所有负面效果。谁应当为这些结果而受到指责？

第五部分

全球化与国际金融

第 24 章　反对全球化

过去 20 年来，国际贸易发生了许多巨大的变化。举例来说，北美自由贸易协定（NAFTA）大大地降低了存在于美国、加拿大及墨西哥诸国之间的**贸易壁垒**。就全球视角来看，关贸总协定（General Agreement on Tariffs and Trade，GATT）的乌拉圭回合得到了包括美国在内的 117 个国家的承认。根据这个协定，关贸总协定已被现在拥有 150 多个成员的**世界贸易组织**（WTO）所取代，**关税**因而在世界范围得到削减。农业的补助减少了，对专利的保护则被强化，世界贸易组织还成立了仲裁委员会来解决国际贸易争端。

贸易收益

许多经济学者都相信，北美自由贸易协定及乌拉圭回合达成的协议不仅是自由贸易和**全球化**（将各国经济体融合为一个国际经济体）的胜利，也使得所有成员的人民受惠。然而，也有许多非经济学者，尤其是政客，反对这些协定。因此，我们有必要了解，到底北美自由贸易协定、乌拉圭回合协议、世界贸易组织、自由贸易和全球化的好处是什么。

自愿贸易会创造新的**财富**。在自愿贸易中，买卖双方都从交易中获利；他们拿一些对自己来说价值较小的货物，来向对方换取一些较有价值的货物。从这种角度来看，所谓的交易经常是不平等的，但这种不平等的本质，正是所有交易活动提高**生产力**及增加财富的来源。当从事交易时，我们所付出的东西一定比得到的东西价值小——若非如此，我们根本不会进行这项交易。这样的原则也同样适用于我们的贸易伙伴，亦即贸易伙伴也将获利。（当然，有时在交易之后，你会发现自己对收到的货物价值判断失误，这被称作买方懊悔，但这并不影响我们的讨论。）

自由贸易鼓励个人以最有生产力的方式运用自己的能力，并相互交换劳动果实。**贸易收益**源自经济学最根本的观点之一：一个国家如果做

宏观问题经济学（第五版）

和其他国家相比最有优势的事情，即从事具有**比较优势**的事业，那么就能获益。贸易鼓励国家或个人努力实现专业化，以提高生产力并享有更高的收入。较强的生产力和连带而来的**经济增长**，正是签署乌拉圭回合协议及北美自由贸易协定的成员企图达到（也正在达到）的境界，其方式就是减少贸易壁垒，促进全球化。

阻止竞争

尽管贸易能够带来巨大收益，有些人（有时候是很多人）还是习惯性地反对自由贸易，尤其是反对国际贸易。他们为自己的反对找出各种伪装，不过基本上都着重在一个议题上：当我们打开国门与其他国家自由贸易时，我国的一些人民或企业将面临更多的竞争。大部分的企业和工人都讨厌竞争，但谁能谴责他们呢？毕竟，如果一个企业能够排除竞争，它们的**利润**一定会持续甚至提高。如果工人可以避免来自其他来源的竞争，他们就可以享有更高的工资及更多选择工作的机会。因此，大部分国际贸易反对者反对的真正原因，只是这些反对者不喜欢伴随国际贸易而来的竞争。这无关道德，也无关利他主义或什么崇高情操。这纯粹就是自利，如此而已。

反对自由贸易当然不是什么新鲜事。20世纪一个最著名的例子就是1930年的《斯穆特-霍利关税法案》。这项联邦政府法令是一个**保护主义**的典型例子——一个牺牲消费者和其他制造业者，以保护美国某些制造业者的行为。该法案的关税明细包含了2万种以上的产品，使受影响的进口货物平均提高了52%的关税。

《斯穆特-霍利关税法案》规定的关税助长了被世界其他国家称作"以邻为壑"的政策。那样的政策意味着试图以牺牲外国的经济来加强本国（一部分的）经济。在此情形下，通过课税来阻止进口，以使国内那些与进口竞争的产业获利。为了应对美国的这类政策，"以邻为壑"政策后来很快地被英国、法国、荷兰及瑞士等国家采用，结果造成国际贸易大幅减少。许多经济学者指出，这使得大萧条在全世界范围内的影响更加恶化。

自由贸易的反对者有时候认为，"以邻为壑"政策的确保护了与进口竞争的产业，使美国获得利益。大体而言，这个主张并不正确。虽然有些美国人确实因这个政策获利，但是有两大群美国人却因而受到损失：第一，进口货物的购买者，因为关税和进口**配额**的缘故，他们痛苦地忍受较高的售价和可选货物品种的减少。第二，因为保护主义限制进口，造成出口也受到限制，从而损害这些产业中的厂商和员工。这直接反映了国际贸易中一个重要的基本命题：就长期而言，进口的成本将会由出口的获利来支付。这一命题表明：一个国家在从其他国家买进产品及服务（进口）后，其他国家最终也会向这个国家购买产品及服务（出口）。有了这样的基本命题，推论也就显而易见：任何对进口的限制都会导致出口的减少。因此，任何因关税和进口配额而获利的进口产业的生意，意味着在出口产业的生意中至少也会有同等的损失。

反对全球化的论调

全球化的反对者经常提出各种不同的理由来表示反对。例如，宣称外国公司在**倾销**，也就是说，在美国以低于成本的价格出售产品。但当提出这样的指控时，我们要问的第一个问题是：低于谁的成本？很显然，如果一个外国企业在美国国内销售产品，其必定要以低于美国企业成本的价钱来销售，不然就无法说服美国人去购买。而个人或厂商能够以较低成本取得产品，事实上是自由贸易的收益，而非一种损失。

又有人说，进口产品的价格甚至低于外国公司的成本，这又是怎么一回事呢？这等于说外国公司的生产成本与较低售价之间的差额，是这些外国公司自愿送给我们的它们的财富。当然它们有可能是故意这么做，也许是希望我们可以因此尝试使用它们的新产品，否则大概没有美国人会去买那些产品，只不过这种可能性不大。但如果真的是这样的话，为什么要去拒绝这个礼物呢？对美国来说，我们会因为接受它而增加了财富，况且这也只是短暂的现象，毕竟绝对没有一家公司会把产品卖得比成本还便宜，除非它打算在短期内很快把售价提高到成本以上来获取利润。

另一个论点是，许多人都指控外国商品是用"不公平"的劳工政策（如雇用童工），或是不符合美国环保标准的生产程序所制造的。当然这

宏观问题经济学（第五版）

些指控有时候是正确的，但是我们应当记得两件事情：第一，虽然使用童工（或每周工作 60 个小时且没有加班费）是一件不应该的事，但这种行为在美国也曾经是很普遍的。当时的美国人会这么做，和今天外国人这样做的原因是一样的——因为人民太贫困而没有别的选择。除非整个家庭的成员都出去工作，否则许多发展中国家的家庭是没有办法生存的。同样不幸的事实是，如果我们坚持将我们的价值和态度——它在一定程度上受到我们财富的影响——强加在比我们贫困许多的那些人身上，我们就会冒着害他们更惨的风险，即使我们以为自己是在帮助他们。

相同的考虑也适用于环保标准。很多研究都已指出，个人与国家对于花钱改善环境质量的意愿，深受他们的财富水平的影响——环境质量是一项**正常品**。也就是说，有钱的人（如美国人）会比贫穷的人愿意多花些钱来改善环境的质量。坚持让其他国家满足我们认为可以接受的环保标准，就好像坚持让他们穿我们穿的衣服、使用我们喜欢的交通方式、消费我们喜欢的食物一样不切实际。少数能够负担得起的人的确以我们所熟悉的方式生活着，但大多数发展中国家的人是无法负担这种生活方式的。

对于这个论点存在一个重要的例外。美国邻国（如墨西哥和加拿大）制造的空气和水污染因为离美国太近因此对美国造成了危害，良好的公共政策让把邻国的污染当作在本国制造的污染来治理。

我们所要强调的，并不是这些外国劳工或环保标准与美国人无关。我们的重点是，不管要达到哪一项高标准都要付出很多代价，而限制贸易并不是改善这些问题最有效或最快速的方式。同样该强调的是，这些劳工与环保标准其实总是被某些人拿来作烟幕弹来掩饰他们真正的目的——摒除竞争。

为何反贸易措施能得以通过？

假如自由贸易确实是有利的，而加诸其上的限制通常是有害的，那么我们很自然地会问这样的问题：为什么会通过类似《斯穆特-霍利关税法案》及其他贸易限制的立法呢？原因在于国外的竞争通常影响到特定的存在进口竞争的产业，例如纺织、鞋或汽车，而贸易限制则让一小撮特定的经济代理人获利。举例来说，20 世纪 80 年代对于日本进口汽车的贸易限制，其实只是让美国三大汽车制造商——通用汽车、福特及克莱斯勒得利。相同地，长期持续对蔗糖实行进口配额，也只是让少数美国的大糖业公司获利。如果国会议员投票赞成贸易限制，就可以为这些产业带来巨大的利益，这些产业因此愿意集资去积极游说国会议员立法实施这些贸易限制。

跟随在限制进口之后必将发生的出口量下降，则会由全部的出口业者分摊。因此，并没有特定的一群劳工、管理者或股东会觉得有必要集资说服国会减少国际贸易限制。此外，即使消费者也会因为进口限制而遭殃，但因为他们通常也是一个分散的群体，没有一个人会因为某一项贸易限制而受到严重损害。由于"集中的利益"及"分散的成本"同时存在，因此许多年前马克·吐温（Mark Twain）曾说过，自由贸易者赢得论战，而**保护主义者**却赢得表决。

当然，这些保护主义者并没有赢得全部的表决，毕竟 1/7 的美国经济是建立在国际贸易上的。虽然反对自由贸易的声音来自许多不同的地方，但自由贸易对于整个经济的影响力却是不容忽视的，以至于我们无法想象完全没有国际贸易会怎样。经济理论与实践经验都清楚地表明，总体来说，美国将会因北美自由贸易协定和世界贸易组织带来的自由贸易而变得更好。

◀◀ 思考题 ▶▶

1. 在一些年份，日本的汽车制造商主动限制了向美国出口的汽车数量。你认为这对日本从美国进口汽车和其他产品、服务会产生什么影响？

2. 直到几年前，美国出口到日本的汽车驾驶位置都在左边（和美国的驾驶方式一致）。而日本人开车是左侧行驶，因此在日本销售的日本车都将驾驶位置设在右侧。假设日本人尝试在美国销售驾驶位置在右侧的日本车，这对于他们在美国的汽车销售量有什么影响？你认为美国汽车制造商不愿意把驾驶位置放到"正确"的位置，会对它们在日本的汽车销售量有何影响？

3. 认真思考本章列举的关于全球化的主要观点，国际贸易限制对美国的下述变量可能会产生哪些影响：就业、**失业率**、**实际 GDP**、**价格水平**？请解释。

4. 在 20 世纪 80 年代末 90 年代初，美国的汽车制造商大幅提高了它们所制造的汽车的质量，比其他国家制造的汽车质量更好，你认为这对下列各项会带来什么影响？

（a）美国进口日本汽车。

（b）日本进口美国汽车。

（c）美国出口除了汽车以外的产品与服务。

5. 美国政府对美国制造的商用飞机提供补助。你认为这一政策对美国从外国进口产品和美国出口商用飞机以外的产品有何影响？

6. 前一个问题中哪一方需要承担补助的成本？哪一方会获得补助的利益？

第 25 章　75 万美元的工作

在偶数年份，特别是可以被四整除的年份，所有派系的政客们都倾向于发表言论：美国的就业机会需要特别的保护，使其免受**全球化**的侵害。为了达到这个目的，我们被鼓励去购买美国制造的东西。如果需要进一步的鼓舞，政府就会宣布，假如我们不主动自愿减少购买进口货物的数目，政府将会对进口货物征收**关税**（或加重关税），或是以进口**配额**的方式来实际地限制进口，其目的在于"保住美国的工作"。

与非洲象或蓝鲸不同，美国就业机会并没有灭绝的危机。美国经济里存在着且将永远有无数的潜在就业机会。其中有些工作可能不太招人喜欢，许多其他的工作可能薪水不高，但是只要存在**稀缺**，就总会有某类就业机会。当一个年薪 7.2 万美元的钢厂工人说，应该减少外国钢铁进口来保护他的工作时，他真正的意思是：他要受到免于竞争的保护。这样一来，他就可以继续目前的工作并保持高薪或者获得更高的薪水，而不用换成工作条件可能比较差，或者薪水比较低的其他工作。这个钢厂工人的目标（好一点的工作条件和多一点的薪水）没有错，但这跟"保住工作"毫无关系。

全球化的收益

在任何限制自由贸易的结果的讨论中，一定要记得两个事实：第一，我们以出口来支付进口。如果进口的产品和服务比出口的多，在短期内，确实可以出售**资产**或向外国举债。但我们可出售的资产有限，而且外国人不会永远等待我们付款。最后，只有在我们提供（出口）产品和服务给那些我们向他们购买产品和服务（进口）的贸易伙伴时，才能够有外汇收入来支付我们的账单，毕竟贸易如同以物易物。

第二点需要记住的是：在自愿贸易中每个参与贸易者都能彼此互惠。如果我们增加了对国际贸易的限制，就会同时减少贸易伙伴和自己的利益，例如双方都会减少就业机会。道理很简单。其他国家也只有在卖出它们本身生产的商品时，才会来购买我们的商品，因为它们也需要以出口商品的获利来支付进口的成本。美国任何通过关税、配额或其他方法对进口的限制，终究会导致出口的减少，因为其他国家将没有钱来购买我们的商品。这意味着限制进口就不可避免地将会减少出口的规模。所以，使用增加贸易限制来保护进口产业的就业机会，其实也会对出口产业的就业产生影响。许多研究表明，最终的影响似乎是总体就业机会减少。

限制贸易的负面影响

同样重要的一点是，限制进口也增加了美国全体消费者的成本。为了减少来自国外的竞争力，以配额、关税和其他贸易限制提高了外国产品的价格，并且让美国制造商可以飙涨它们的售价。也许这一影响的最有证可查的例子是汽车产业，对日本进口汽车的"自愿"贸易限制持续了十年之久。

部分是因为进口车的质量较高，美国本土生产的汽车销售量从 1978 年的 900 万辆，下降到 1980—1982 年间的平均每年 600 万辆。美国汽车工业的利润也暴跌，很多汽车生产制造商损失惨重。美国汽车制造者和工人联合工会要求保护他们免于进口竞争的威胁。来自汽车制造业所在各州的政客联合起来争取利益，结果日本汽车公司（美国厂商最重要的竞争对手）"自愿"签订协议，将在美国的销量减至每年 168 万辆。这个协定（等于是配额，虽然官方说法不是这样）开始于 1981 年 4 月，而且以不同的形式延续到 90 年代。

罗伯特·W·克兰德尔（Robert W. Crandall）是布鲁金斯学会的经济学家，他曾经估算过这个自愿贸易限制以较高汽车价格的方式让美国消费者付出了多少成本。根据他的估计，日本汽车供应减少，促使平均每辆车价格提高了 2 000 美元（以 2011 年的币值计算）。日本进口车的涨价促使美国本土制造商也把价格大幅提高，平均一辆车提高了 800 美元。在这项贸易限制实施的第一个年度，两者相加的总额是 80 亿美元。克兰德尔也估算，自愿贸易限制保障了将近 26 000 个与汽车业相关的就业机会。把 80 亿美元除以 26 000 个工作机会，汽车业每年每保护一个工作机会，就转嫁给消费者 30 万美元的成本。而如果没有进口限额，美国消费者每年本可在购买汽车这件事上省下将近 50 亿美元，可以给那些因为自愿贸易限制而保住工作的汽车工人每人 10 万美元的现金。

其他产业也可以用类似的方法计算。服装业的关税在 1977—1981 年之间的增长保住了大约 11.6 万美国服装业工人的工作机会，但每个工作机会的代价是每年 4.5 万美元。**保护主义**的成本在其他产业甚至还要更高。贸易限制使眼镜业每保住一个工作机会每年要花费 20 万美元的成本；航海业则花费 29 万美元；钢铁业达到惊人的 75 万美元。如果允许自由贸易，即使每位工人每年只领那些数目一半的现金，消费者仍然可以省下一大笔**财富**。

对工作的真正影响

而且，这些对成本的研究都没有估算限制进口对出口、出口产业失业的工人数目的最终影响，以及对经济体中整体就业状况的影响。

要记住，进口实际是在为出口买单，而我们的进口正是贸易伙伴的出口。因此，当美国的进口受到限制时，我们的贸易伙伴就必将减少对我们产品的购买。出口额的减少意味着出口产业就业机会的减少。贸易总额的减少会导致诸如（为船舶装卸货物的）搬运工、（将货物运进运出码头的）卡车司机等工人就业机会的减少。在这两种情形下——贸易总额的减少和随之而来的出口减少——保护主义都将导致就业率的下降，但其效果并不立即显现。

几年前，国会曾经想要通过一个关于汽车的"国内成分"法案。法案中规定，凡是在美国销售的汽车，都必须有一定比例的零件是在美国生产及组装的。这个法案的提议者认为，这样的法案可以保护美国境内的 30 万个汽车生产和汽车零部件供应产业的就业机会。然而，法案的提议者却没有意识到该法案对于整体贸易及美国出口产业的负面影响。而美国劳工部的一项研究报告则意识到了这些影响，这项法案削减的贸易与出口产业的就业机会将大于其保护的进口竞争产业的就业机会。最终，国会决定撤销对在美销售汽车的国内成分要求。

进口控制在长期失效

理论上讲，贸易限制应当能对某些产业的经济有所帮助，并增加这些产业的就业机会。但具有讽刺意味的是，长期的效果可能恰恰相反。**世界贸易组织**（WTO）的研究人员对全世界大受保护的三大产业即纺织业、服装业和钢铁业进行了研究。尽管采取了严格的保护主义措施，这些产业的就业率在受保护期间实际上却下降了，在某些情况下降幅显著。纺织业的就业率在美国下降了 22％，在欧洲共同市场（**欧盟**的前身）下降了 46％。服装业就业率的下降在 18％（美国）～56％（瑞典）之间不等。钢铁业的下降在 15％（加拿大）～54％（美国）之间不等。简言之，世界贸易组织的研究人员发现限制自由贸易并不能减少失业，即使在意欲保护的产业中也是如此。

这种迹象似乎越来越明显：保护工作的成本在短期内是巨大的；而就长期来说，尤其是考虑到保护主义的所有层面之后，工作机会好像也没有办法通过贸易限制得到保护。自由贸易对竞选似乎并无益处，但一旦实施起来，有可能带来最广泛的收益。当然，这并不意味着政客们会采纳。所以我们最终还是以每个每年 75 万美元的成本"保住工作"。

◀◀ 思考题 ▶▶

1. 如果每年向每个钢铁工人支付 37.5 万美元现金要比对钢铁进口实施限制的成本更低，那么为什么我们仍然实行进口限制而不去支付现金呢？

2. 大多数美国的进出口都需要通过海港。预测一下来自沿海各州的国会议员将会如何对限制国际贸易的提案投票？在预测的时候，还需要哪些信息？

3. 进口限制中谁会获利？谁会受到损失？要回答这个问题，就必须考虑实行进口限制的国家和受其影响的国家双方的消费者和生产厂商。还需要考虑进口限制对出口产业的影响。

4. 当你去买一台新电脑时，你的真正目的是为自己的住所"进口"一台电脑还是从钱包里"出口"现金？这能使你对国际贸易的真实目的有何新见解? 国际贸易究竟是进口, 还是出口?

5. 美国有一些政策的本意是补助出口产业, 从而增加出口产业的就业机会。这些政策对美国进口外国产品以及与进口竞争的产业的就业情况有何影响?

6. 哪些因素会促使政客实施贸易限制?

第 26 章　贸易赤字

有个观念几个世纪以前就已经存在了：把产品卖给外国人要比从他们那里购买产品好。即出口是好事，进口是坏事。今天，关于国际贸易的新闻报道字里行间流露出的政治观点和民众思想与 300 年前没有什么太大变化。16—18 世纪制定公共政策的**重商主义者**认为国际贸易的唯一合理目的就是扩大出口，而不是扩大进口。他们的目的是获得大量的黄金，即那个时代的货币。重商主义者认为**贸易盈余**（产品和服务的出口大于进口）是一个国家能够从贸易中获利的唯一方法。现代的爱国人士也表达了同样的观点，他们认为："如果我从日本购买一台索尼笔记本电脑，那么我得到了电脑，日本得到了货币。相反，如果我从美国买一台戴尔笔记本电脑，那么我得到了电脑，美国得到了货币。因此，我应当'购买国货'。"这种推理产生的结论是，美国近年来一直出现的国际**贸易赤字**对美国是不利的。我们来看看这个结论是否有道理。

现代重商主义者

每个月，你都会看到新闻标题上写着我们的贸易赤字仍在持续（或在不断增加）。即使你不会计算我国的国际贸易赤字，你也会猜到这意味着我们的进口要大于出口。

为了理解报纸上报道的实际数字，你必须知道贸易赤字是由好几个部分组成的。最显而易见的是产品的进出口。这也是报纸上报道最多的数字。表 26—1 显示了近十年来美国的产品贸易赤字。

表 26—1　　产品的进出口　　单位：十亿美元

年份	出口	进口	赤字
2000	772.0	−1 224.4	−452.4
2001	718.7	−1 145.9	−427.2

续前表

年份	出口	进口	赤字
2002	682.4	−1 164.7	−482.3
2003	713.4	−1 260.7	−547.3
2004	807.5	−1 472.9	−665.4
2005	894.6	−1 677.4	−782.8
2006	1 023.1	−1 861.4	−838.3
2007	1 160.4	−1 983.1	−823.2
2008	1 304.9	−2 139.5	−834.7
2009	1 068.5	−1 575.4	−506.9
2010	1 288.7	−1 935.7	−647.1

注：由于四舍五入，数字可能略有出入。
资料来源：美国商务部经济分析署。

看起来很糟糕，是吧？似乎我们已经对进口上了瘾。我们和外国买卖的并不仅仅是产品，服务的进出口也是国际贸易的重要组成部分，至少在美国是这样。（我们出口的服务包括会计服务、法律研究、投资咨询、旅游交通，以及医疗研究。）即使重商主义者也会很高兴地看到，在这些服务项目上，美国的出口一直大于进口，表26—2给出了各种服务贸易的净值。

表 26—2 　　　　　　　　服务出口净值　　　　　　单位：十亿美元

年份	服务出口净值
2000	74.9
2001	64.4
2002	61.2
2003	52.4
2004	54.1
2005	66.0
2006	85.0
2007	119.1
2008	135.9
2009	132.0
2010	151.3

资料来源：美国商务部经济分析署。

进出口之间的关系

显然，比较一下两个表格，无论计算多少次，仍然呈现出巨额的贸易赤字。美国的人民是否应当担忧？在回答这个问题之前，我们必须先看看关于进口和出口关系的一些基本命题。

首先，我们来看看我们是如何支付进口的外国产品和服务的。外国向美国运送产品并不仅仅是为了换来几张纸片。世界其他国家给我们运来产品和服务是因为它们需要我们用产品和服务来进行交换。这只意味着一件事：从长期来看，我们要用出口的产品和服务来支付进口的产品和服务。因此在长期，进口一定要等于出口。当然，短期是另一回事。进口可以用实际资产和金融资产来支付，例如土地、股票、债券，或向其他国家举债。但是长期来看，外国总归是需要我们用产品和服务来偿还它们给我们的产品和服务的。毕竟**消费**是生产的终极目的。

因为在长期，进口需要用出口来偿还，所以任何试图通过限制进口来减少一国贸易赤字的行为也必将影响出口。实际上，我们第一个命题的直接推论就是：任何对进口的限制最终必将导致出口的减少。因此，每次政客们呼吁减少贸易赤字的时候，他们实际上也在呼吁减少出口，至少在长期是这样。

可能政客们并不理解这个道理，但即使他们理解，他们可能还是会呼吁限制进口。毕竟，在国际竞争中丢掉生意的国内企业会宣称，每一美元的进口都意味着它们损失了一美元的销售额——这就意味着美国的就业率会随之下降。与此相反，成千上万的美国产品和服务的出口商可能无法准确估量由计划实行和已经实行的进口限制带来的销量下降和失业。因此，当国际贸易受到限制的时候，因进口而可能受到损害的企业看起来总是多于因出口销售减少而受到损害的企业。

离经叛道的进口观？

很多关于国际贸易的讨论都与假想的进口的"不公平"相关。人们往往认为，当产品从外国运来的时候，这对企业和工人们是不公平的，因为他们必须要和这些进口产品竞争。为了说明这种推理是无稽之谈，我们只需考虑一个简单的例子。

假设你刚发现一种生产纺织品的方法，成本只有竞争对手的 1/10。竞争对手在南卡罗来纳州，而你在佛罗里达州建立生产基地，以比竞争对手更低的价格出售纺织品。你的工人们喜欢自己的工作，你的**股东**喜欢他们的利润。当然，南卡罗来纳州的纺织品企业主和工人可能并不高兴，但他们并不能采取任何合法措施来解决问题。当然，这就是 50 个州之间无贸易限制的本质：在成本最低的地方生产产品，消费者从中得到低价的实惠。

现在，假设你在佛罗里达州建立同样的生产设施，但是并不自己生产纺织品，而是偷偷地从南非运来纺织品，以低于南卡罗来纳州的企业能够盈利的价格出售。如果人们仍然相信你是在自己生产纺织品，就不会有问题。但是，如果有人发现你在进口纺织品，南卡罗来纳州的国会议员就会发泄对你的不满。他们会努力限制从南非进口"廉价"的纺织品，或者对这些纺织品征收高额税金，即**关税**。

这两个"生产过程"有何实质性的不同？第一种情况是在美国境内使用纺织机器生产，而第二种情况需要船舶、卡车将纺织品运到佛罗里达的"工厂"。这两种情况真的有区别吗？我们不这么认为。运用积极的经济分析法就会得出这一结论。但是，当政治因素介入时，国内的生产过程就受到推崇，而和进口相关的生产过程就受到阻碍。

贸易赤字的另外一面

事实证明，很多关于贸易赤字的论述都存在缺陷，因为这些论述完全忽略了赤字的另外一面。在短期，当进出口产品或服务在货币价值上不相等时，贸易双方显然必须达成协议，找到短期的解决方案来支付差额。例如，如果美国进口的产品和服务比出口的多，我们就必须把一些实物资产和金融资产卖给贸易伙伴。比方说，我们可能要向外国借钱（出售债券）或者出售美国公司的股票。（在 20 世纪 90 年代末，美国还出售房地产，如高尔夫球场和办公楼。）

乍一看，我们似乎是在"抵押未来"，出售资产、借来资金以便增

宏观问题经济学（第五版）

加现在的消费。但也可以从另一个角度来看：美国是世界上最安全、产出最高的投资地。如果世界上其他国家都能够在美国投资，那么美国必然会出现贸易赤字。这一命题用简单的算术方法就可以得出。

例如，一家韩国汽车公司在美国建厂，资金就会从韩国流入美国。如果外国居民购买美国政府的有价证券，资金就会从其他国家流入美国。这些投资通常被称作私人资本流动，包括购买私有土地、企业股票、政府债券。30 年来，几乎每一年，外国居民在美国的投资都大于美国居民在外国的投资。这种资金从国外的净流入被称作**资本账户盈余**。

如图 26—1 所示，这种投资资金向美国的净流入和美国每年的贸易赤字几乎呈镜像对称。即，当经常账户贸易赤字很小的时候，资本账户的盈余就很小；当经常账户贸易赤字很大的时候，资本账户的盈余就很大。这是巧合吗？当然不是。仔细想想。如果外国居民想要购买美国一家公司的股票，这位外国居民就必须获得美元去买股票。虽说这位外国居民只是去一下外汇市场就能兑换到美元，但这些美元必须首先供应到外汇交易市场。美元的供给必定来自美国进口的产品和服务多于出口的那部分。换句话说，美国的国际贸易赤字向外汇市场提供了美元，以便外国人在美国投资。如果美国人不是进口的产品和服务多于出口的话，外国居民就无法在美国投资。

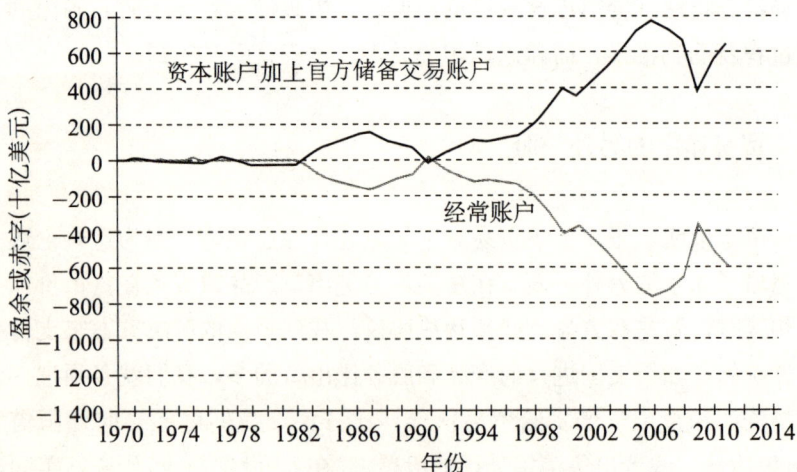

图 26—1　经常账户和资本账户的关系

资料来源：国际货币基金组织；经济指数。

历史的潮流

　　和你通过读报而产生的想法正好相反，尽管美国在过去的 35 年里一直出现贸易赤字，但这并非美国第一次长期贸易赤字。实际上，从美国内战到第一次世界大战期间，美国每年都出现贸易赤字，在全世界借来资金、出售股票。那么，是否产生了灾难性的后果？恐怕没有。我们利用从国外获得的资金修建铁路、钢厂等许多工业基础设施，开发西部。我们获得了低成本融资（用于从国外购进主要物资），从中获益；外国人获得的风险回报也高于他们自己的国家，也从中获益。

　　自第一次世界大战以来，这一格局就颠倒过来了。美国开始向欧洲借出资金，用于战争开支。战后又提供融资，帮助他们重建家园。美国向外国借款的这种格局在第二次世界大战期间依然保持着，并一直持续到 20 世纪 70 年代后期。在这段时间，美国一直处于贸易盈余的状态，出口的产品和服务大于进口。外国居民向我们借款并向我们出售其公司股票来为自己的采购筹集资金。他们获得了低成本的融资和商品，从中获益；美国以高于国内的价格向他们出售商品，也获得了比投资国内资产更高的净回报率。

　　现在你可以看到，近几十年的贸易赤字是 19 世纪末 20 世纪初格局的重现。美国又一次成为风险调整后高回报的国家，因此外国人来美投资。但是，现在和 100 年以前有一个关键的不同点。100 年前，借贷由私营部门进行，因此人们顺理成章地确信借贷会获得净收益。现在，大多数借贷是由美国政府进行的。这是否会产出净收益？只有过一段时间才能知道。

◀◀ 思考题 ▶▶

　　1. 为什么厂商无法阻止其他州的竞争对手向本州"出口"产品？（提示：200 多年前制定的哪份文件仍在美国各州有效？）

　　2. "买本地货"的概念和担心出现国际贸易赤字有什么关系？

　　3. 对你来说，打算购买的产品的产地是否重要？为什么？

　　4. 从美国内战到第一次世界大战期间，如果美国国会采取征收高额进口关税等措施削减进口，这可能会对美国经济的发展产生哪些影响？请解释。

5. 第二次世界大战后的 30 年里，欧洲向美国借款进行战后重建，在与美国的贸易中呈现赤字。如果欧洲的政治家采取对美国产品征收高额进口关税等措施削减与美国贸易中的赤字，可能会对重建工作产生什么影响？请解释。

6. 一些政治家对美国与某些国家的贸易呈现赤字表示担忧。例如，20 年前，他们担心在与日本的贸易中出现赤字。近来，他们担心在与中国的贸易中出现赤字。担心与某个国家的贸易中出现赤字是否有必要？如果南卡罗来纳州在与得克萨斯州的贸易中出现赤字，这是否应当引起双方州政府的担心？

第 27 章　美元的价值

1999 年，当欧元开始发行时，1 欧元兑换 1.18 美元。三年后，当欧元的纸币和硬币开始作为货币在大多数欧盟（EU）国家流通时，欧元的价格下滑到 0.9 美元。从那时起，欧元的价格就一直在 0.86～1.70 美元之间浮动。这种价格浮动模式并不是欧元才有的。在**弹性汇率**的世界里，各种**货币**的价格是由全世界的**需求**和**供给**两股力量决定的。因此，如果对欧元的需求增加，欧元的价格就会上升；如果对欧元的需求减少，欧元的价格就会下降。欧元是这样，英镑、日元、美元也都是这样。正如我们所看到的，这些市场力量的变化和由此产生的**汇率**变化，在决定国际贸易的格局方面起着关键的作用。

一些术语

我们既可以用美元来表示欧元的价格，也可以用欧元来表示美元的价格。因此，如果要用 1.25 美元来购买 1 欧元的话，那么用 1 美元就购买不到 1 欧元。实际上在本例中，准确地说，1 美元可以购买 1/1.25 欧元。也就是说，以欧元表示的美元的价格为€0.8（€是欧元的符号）。这两种货币的汇率可以用两种方法中的任意一种表示。在美国，人们往往用美元来表示外币的汇率，我们在这里也采用这种方式。在本例中，美元和欧元的汇率是 $1.25。

可能你还听过新闻记者、政客等人谈论美元"强硬"或"疲软"，宣称其中某情况是对美国有利的。当人们说到美元"走强"时，意思是 1 美元能够买到比以前更多的外币。因此，汇率从每欧元 $1.25 下降到 $1.20 意味着美元升值。与此相反，如果欧元的美元价格从 $1.25 上升到 $1.35，这就意味着美元贬值，因为 1 美元只能买到更少的欧元。

是好是坏?

美元贬值是好是坏? 就像大多数价值判断一样（注意"好"和"坏"这两个词），答案要看当事人是谁。我们说美元对欧元贬值是因为人们必须支付更多的美元来兑换一欧元。因为美国消费者在购买法国葡萄酒或意大利面时最终必须支付欧元，所以当欧元变得更贵时，欧洲的货物对美国的消费者而言就变得更贵。[①] 所以，从美国消费者的角度而言，美元贬值是件坏事。

但是美国的生产商却有着不同的观点。例如，将厂房设在美国的汽车制造商和欧洲的汽车制造商竞争。当欧元对美元升值时，欧洲产的汽车也升值。这就诱使一些美国消费者"购买国货"，这对于得到这部分生意的公司而言当然是好消息。同理，前面说过欧元升值等同于美元贬值。汇率的这一变化会使得美国产品在外国变得更加便宜。结果是，外国消费者也更有可能去"购买美国货"，这对于美国公司而言又是个好消息。因此，美元贬值会鼓励出口，打击进口，但是这究竟是好消息还是坏消息，不同的人会持有不同的观点。

那么，美元升值会带来哪些后果呢? 当美元可以购买更多欧元时，这意味着美元也可以购买更多的欧洲商品。这显然对美国的消费者是有益的，因此可以断言，他们会喜欢美元升值。而美国的生产商却有着不同的境遇。它们将会失去一些美国的消费者，因为这些消费者更有可能去"购买欧洲货"。此外，欧盟的人们也会发现美国货太贵，因为美元变得更贵了。所以，他们会减少对美国货的购买，而更多地选择欧洲货。由此，我们得出结论，美元升值将会鼓励货物进口到美国，打击美国的出口。可以想见，美国的消费者和生产商对于这件事是好是坏也有着截然相反的观点。

购买力平价

当然，汇率并非毫无原因地升降。导致汇率变动的因素主要有四

---

① 当然，消费者通常不会自己亲自去兑换欧元，但是代表消费者进货的进口商却必须去兑换。

个：第一个因素，也是最重要的一个，叫做**购买力平价**（PPP）。这一原则简言之就是，不同货币的相对价值最终必须反映其在本国的**购买力**。

为了一探究竟，我们以美国和瑞士为例。瑞士的货币是瑞士法郎。在过去的 50 年里，这两种货币的汇率大约在 $0.25～$1.15 之间浮动，相差 4 倍多。比如，在 20 世纪 60 年代，汇率几乎跌到了谷底，但此后一直持续上涨至今，虽然中间有些起伏。瑞士法郎对美元升值的原因很简单：瑞士的**通货膨胀**率要比美国低得多。美元的购买力在不断缩水，所以瑞士对美元的需求在下降，甚至美国人也想用不断贬值的美元兑换瑞士法郎。这些因素共同起作用，推动瑞士法郎升值，因此汇率升到 $0.40，继而升到 $0.70，甚至超过 $1.00。

这一过程对各个国家都适用。当 A 国的**价格水平**相对于 B 国上升的时候，两个国家的人民都会减少在 A 国购买商品，增加在 B 国购买商品。这就会推动 A 国的货币价值下跌，而推动 B 国的货币价值升高。实际上，这一趋势非常强大，并一直会持续到出现"平价"的时候。如果 A 国的价格水平比 B 国上涨 20%，那么 A 国货币与 B 国货币的汇率最终将会下降 20%。这种调节可能会需要一段时间，可能会暂时被一些因素隐藏起来，但结果是必然的。接下来我们将介绍其他因素。

利率

想要获得另一个国家货币的一个主要原因是想要购买这个国家出产的商品。但还有一个原因：人们想要投资，或向该国借出资金。例如，假设你想购买一家加拿大公司发行的**债券**，而这些债券是以加拿大元（C$）为单位的，在购买债券之前就必须先购买加元。在这种情况下，显然影响你对加元的需求的另一个因素是，在加拿大投资的回报率或者利率与在其他国家投资的利率的权衡。简言之，如果加拿大的利率比美元高，投资者就会想把投资从美国撤出，投入加拿大。即，对美元的需求会减少，而对加拿大元的需求会增加，因此汇率会上升，人们必须放弃更多的美元来获取一加元。美元相对于加元贬值了。

注意，我们所提到的利率是指**实际利率**，即根据预期通货膨胀调整后的利率。如果因为预期会出现通货膨胀从而加拿大的利率上升，这时加元对美国、欧洲或中国的投资者就没有那么大的吸引力了。利率上升不过是中和了预期的通货膨胀率而已。同理，我们还要小心地比较具有同样**违约风险**的债务。如果一家濒临**破产**的加拿大公司发行高利率的债券，那么这种高利率只不过弥补了**债券持有者**面临的更高的违约风险而已。这并不会使这种债券在美国或其他国家投资者心目中更有吸引力。

但是，只要我们小心应对预期的通货膨胀和风险，利率差异还是能帮助我们理解一些事情的。例如，在 19 世纪末，经过通货膨胀和风险调整后的美国利率比英国高，因为美国正在从内战中恢复重建，开发西部，并以极快的速度完成工业化。这些因素都使美国成为投资的热门国家。美国回报率较高，吸引着英国的投资者向美国公司注入资金，这意味着对美元的需求增加。因此，美元在世界市场上变得更有价值了。

硬通货

如果你曾去过发展中国家或前社会主义国家，你可能会听过人们说到"硬通货"。他们甚至会坚持要求你购物时不使用该国货币，而用美元、欧元甚至瑞士法郎支付。坚持这样做的原因很简单。

在这些国家，无论经济和政治的现状如何，未来的政治和经济状况充满了不确定性。也许现任政府的政治基础并不稳固，也许正在酝酿着军事政变的威胁，也许人们怀疑国家政府按照传统的征税方法将无法支持未来的开销。一旦这些事情真的发生，就可能出现这样的后果：政府开始大量印钞以保障其活动资金，导致未来出现高通货膨胀，使该国货币的购买力急剧下降。由于这种后果的确切时间和强度很难确定，所以该国货币的未来价值也很难预测。

为了降低风险，人们就希望获得其价值不大可能受到政治突变影响的货币，比如美元和欧元。这就会增加对这些货币的需求，从而使它们在世界市场上的价格上涨。所谓的"硬通货"是指这些货币的购买力像石头一样坚硬——比该国的货币坚挺，因而该国人民往往避免持有该国货币。

波音公司和甲壳虫乐队

决定汇率的另一个重要因素是不同国家生产的产品的相对吸引力。例如波音公司长期以来被认为是当今最佳的商用喷气式飞机制造商。全世界的航空公司每年都会购买数十亿美元的波音飞机。为了购买波音飞机，它们必须获得美元，它们对美元的需求就会将美元在世界市场上的价值推高。

当然，其他国家的居民也生产优质的产品。许多人认为最佳的葡萄酒产自法国，最好的领带产自意大利等等。还有甲壳虫乐队，从其音乐在世界范围的销量来看，可能是有史以来最多产、最受欢迎的摇滚乐队。当 20 世纪 60 年代甲壳虫乐队出现在乐坛上时，数以百万计的美国人都想获得他们的歌曲唱片。为此，他们必须获取英镑（英国的货币）。这就会增加对英镑的需求，从而导致外汇市场上英镑相对美元升值。所以，下一次你付钱下载英国摇滚乐队酷玩乐队音乐的时候，你就知道你的购买行为会推动英镑相对美元升值，即使只推动了一丁点儿。

◀◀ 思考题 ▶▶

1. 尽管英国是欧盟成员国，却并不使用欧元作为其货币，而是使用英镑。如果英国决定将欧元作为货币单位，这对欧元在外汇市场上的价值会有什么影响？

2. 为了防止毒贩在重大毒品交易时使用美元，美国政府不发行面值超过 100 美元的货币。这一政策对美元的需求以及美元相对于其他货币（例如欧元，其大额钞票面值高达 500 欧元）的汇率会有什么影响？

3. 有时一个国家的政府会希望该国货币不再贬值。请解释，如果某个国家想要提升其货币在外汇市场上的价值，应当如何利用以下工具？

（a）调整货币供应的增长率，从而改变当前和预期的通货膨胀率；

（b）限制公民在国外投资；

（c）对进口产品征收关税或实行配额限制；

（d）对本国公司的出口提供补助。

宏观问题经济学（第五版）

4. 第二次世界大战后不久到 20 世纪 70 年代初，美国（和其他国家一样）实行固定汇率制，即美国政府保证采取一切措施使美元和其他货币的汇率保持在固定的水平。想想 60 年代甲壳虫乐队出现的时候，美国政府要阻止美元汇率变动，需要采取哪些措施？相反，想想 50 年代广受欢迎的波音 707 面世的时候，美国政府要阻止美元汇率变动，需要采取哪些措施？

5. 为什么政治家们担心美元"走强"或"变弱"？

6. 几年前，宝马（一家德国公司）将一个重要的生产部门设在了美国，试分析这对美元的价值会有什么影响？

术语表

绝对贫困（abject poverty）：每人每天收入等于或不足 1 美元

可调利率抵押（adjustable-rate mortgage（ARM））：用于为购买住房融资的债务，利率随着当前市场情况的变化而变化

逆向选择（adverse selection）："不受欢迎的"（高成本或高风险的）参与者控制一方市场的局面，这会对另一方产生负面影响；往往是由于信息不对称而产生的

税后收入（after-tax income）：交纳所得税之后的收入

总需求（aggregate demand）：一个经济体中所有参与者购买产品或服务的计划总和

拨款法案（appropriations bills）：决定政府可支配支出规模的立法

资产（asset）：能够产生收入流或服务流的有价值的物品

资产支持证券（asset-backed security（ABS））：将其他资产（例如，房屋抵押）作为担保物的债券

信息不对称（asymmetric information）：市场中一方参与者比另一方参与者拥有更多信息的情况；通常会导致逆向选择

平均税率（average tax rate）：税款总额除以收入

资产负债表（balance sheet）：对资产和负债的书面记录

银行挤兑（bank run）：由于对银行的给付能力产生怀疑，大量银行客户试图将活期存款和定期存款提取出来的行为

破产（bankruptcy）：从法律上宣布没有偿付债务的能力，因而法庭依据法律免除部分或全部债务的状态

破产法（Bankruptcy Code）：规范破产宣布过程的一系列联邦法律和法规

债券（bond）：使持有者有权在未来获得多次货币收益的负债

债券持有者（bondholders）：政府债券或公司债券的持有人

票面价值（book value）：依据资产的最初购买价格而不是依据市场价值确定的资产价值

泡沫（bubble）：受未来的真实利润或服务流等经济环境的影响，资产的价格超过价值的时期

预算限制（budget constraint）：在给定的价格和收入的基础上所有可以购买的产品组合

预算赤字（budget deficit）：在一段时期内，政府支出超过政府收入的情况

经济周期（business cycles）：商业活动总体的兴盛和衰退，主要表现为 GDP、就业、价格水平的变化

资本账户盈余（capital account surplus）：一国的资本净流入（贷款和投资）

资本比率（capital ratio）：资产的价值除以债务的价值

资本存量（capital stock）：可以与劳动力等其他投入结合起来生产出产品和服务的生产性资产的总和

缺乏现金（cash-constrained）：收入较低，钱不够花

现金流（cash flow）：现金收入减去现金支付

中央银行（central bank）：银行家的银行，通常是一家政府机构，同时也担任国家的国库银行；中央银行一般对商业银行进行调控

活期存款（checkable deposits）：设立在存款机构的、可以通过支票行使支付功能，或通过自动柜员机提取现金的账户

大陆法体系（civil law system）：由立法和行政机构颁布法令，而不是根据以往案例来进行判决、制定大多数法律条文的法律体系

抵押担保品（collateral）：由于拖欠偿还负债而被没收的资产

担保债务凭证（collateralized debt obligation（CDO））：用另一资产作抵押的付款责任

商业银行（commercial bank）：接受活期存款、提供贷款和其他对

公金融服务的金融机构

普通法体系（common law system）：法律裁决根据以往案例，而不是由立法机构颁布法令来制定大多数法律条文的法律体系

比较优势（comparative advantage）：能够以比其他生产者低的机会成本生产产品或服务的能力

同一质量价格（constant-quality price）：根据产品或服务的质量的变化而调整的价格

消费价格指数（consumer price index（CPI））：购买一定数量的产品或服务所需的货币成本，用于衡量消费者的消费模式或作为价格水平的衡量标准

消费（consumption）：消费者购买新的产品和服务的支付行为

核心通胀（core inflation）：产品价格变化总体情况的测量标准，不包括能源和食品

生活成本（cost of living）：（和基年相比）获得一定水平的满足所需的货币成本

创造性破坏（creative destruction）：创新不断推动新产品和新企业的涌现，取代了现有的产品和企业的竞争的最终结果

信用违约掉期（credit-default swap）：掉期交易的买方向卖方付款，卖方同意在一种金融工具（如债券）失效时向买方付款的一种商业合同

债权人（creditor）：向其他机构或个人借款的机构或个人

货币/现金（currency）：由政府发行作为交换媒介的纸币和硬币

拖欠（default）：未能履行义务，例如未能偿还债务

违约风险（default risk）：合同无法履行及其带来的巨大损失

赤字（deficit）：在一财政年度中政府支出超过税收收入

通货紧缩（deflation）：产品和服务的平均价格水平下降

抑制工业化（deindustrialization）：减少一个国家或地区的工业能力或工业活动所引起的社会经济变化

需求（demand）：购买产品的意愿和能力

存款机构（depository institutions）：吸纳储户存款并将存款借给借款人的金融机构

经济衰退（depression）：严重的经济不景气

宏观问题经济学（第五版）

直接外国投资（direct foreign investment）：由其他国家的个人或企业提供给某国的个人或企业的资源，通常表现为母公司在国外建立子公司或分支机构

伤残补贴（disability payments）：向身体或精神有残疾而不能工作的人提供的现金支付

丧失信心的劳动者（discouraged workers）：因为不能找到合适的工作而脱离劳动力队伍的人

自由财政支出（discretionary spending）：每年重新确定的支出，而不是按照公式或一套规则决定

可支配收入（disposable incomes）：扣除掉各种保险和所得税后剩下的那部分收入

红利（dividends）：公司支付给股票持有人的利润，一般由公司的利润决定

走势（drift）：股票价格在一段很长时期内每年的平均变化率

倾销（dumping）：在国外以低于国内市场同样产品的市场价格或低于生产成本的价格销售产品

动态经济分析（dynamic economic analysis）：承认人们会对激励的变化做出反应并且在评价政策的影响时将这些反应考虑在内的一种分析模式

所得税减免（Earned Income Tax Credit）：允许出现负税收的联邦税收项目，即如果人们的收入低于预定水平就向他们支付货币而不是向他们征税

经济增长（economic growth）：实际人均收入的持续增长

弹性（elasticity）：衡量一个变量对另一个变量变化的反应程度

拨款规则（entitlement programs）：主要根据公式或规则来确定将资金拨给谁、拨多少的政府政策

资产净值/产权（equity）：资产减去负债；净资产价值

欧洲中央银行（European Central Bank（ECB））：使用欧元作为货币单位的多个国家的中央银行

欧盟（European Union（EU））：由欧洲国家达成协议，在经济、政治和法律体系上紧密联合而形成的超越国家的组织，由 27 个成员国

组成

超额准备金（excess reserves）：商业银行准备的可随时满足客户交易需求并能防范银行挤兑的资金；包括备用现金和央行存款

汇率（exchange rate）：用另一种货币表示的一种货币的价格

扩张（expansion）：以工业产出、就业、实际收入、批发和零售额等衡量的经济活动持续增长的一段时期

扩张性货币政策（expansive monetary policy）：增加货币供应水平或增长速度的活动

预期通货膨胀率（expected rate of inflation）：预期产品和服务的平均价格水平会上升

票面价值（face value）：显示在硬币或货币上的面值

公允价值记账法（fair-value accounting）：调整资产的价值使其反映当前的市场价值而不是购买价格或预定的到期价值的一种记账方法

房利美（Fannie Mae）：成立于 1938 年，美国政府为推动住房抵押市场而资助的企业

联邦预算赤字（federal budget deficit）：政府支出超过政府收入的部分

联邦基金利率（federal funds rate）：银行互相借用准备金的名义利率

联邦储备系统（美联储）（Federal Reserve System (the Fed)）：美国的中央银行

财政政策（fiscal policy）：能够改变包括就业、投资和产出等在内的经济总体状况的政府支出或税收的调节和变化

财政年度（fiscal year）：政府或企业采用的会计年度；联邦政府的财政年度从 10 月 1 日起至 9 月 30 日

弹性汇率（flexible exchange rates）：根据市场情况自由调整的汇率

丧失抵押品赎回权（foreclosure）：剥夺抵押贷款中违约的借款人对抵押财产的权利的法律程序

货币互换（foreign currency swaps）：两笔金额相同、期限相同、利率计算相同，但货币不同的债务资金之间的调换

房地美（Freddie Mac）：成立于 1970 年，美国政府为推动住房抵

宏观问题经济学（第五版）

押市场而资助的企业

全额养老金（fully funded pension liability）：为按照合同支付给退休人员的养老金提供足够的资产保障，以确保养老金万无一失的一项义务

贸易收益（gains from trade）：个人、企业或国家参与自发交易所获得的收益

全球化（globalization）：各国经济体融合为国际经济体

政府资助的企业（government-sponsored enterprise（GSE））：由政府特许、其目的是在全国范围仅向一个经济部门提供信贷的私有企业

国内生产总值（gross domestic product（GDP））：一个经济体内最新生产的所有最终产品和服务的货币价值

公共债务总额（gross public debt）：所有的公共债务，包括政府机构发行的债券

对冲资金（hedge funds）：投资公司需要投资者投入大量启动资金用以购买高风险投资以期得到高回报

人力资本（human capital）：人类的生产能力

流动性不足（illiquid）：公司或个人手头缺乏足够现金以偿还负债，或资产很难转化为现金，或转化成本高昂

实物转移支付（in-kind transfer）：提供产品和服务而不是现金，如医疗保险、医疗补助或住房补贴

激励（incentive）：行为带来的积极或消极的后果

收入流动性（income mobility）：在一段时期内，人们收入分配情况的变化趋势

产业政策（industrial policy）：旨在影响企业盈亏的一系列政府措施

工业革命（Industrial Revolution）：始于18世纪末，发生在英国和许多国家的广泛而巨大的社会经济变革，原因是广泛的生产系统机械化使以家庭为基础的手工生产转变为大规模的工厂生产

无效率（inefficient）：未能使资源的价值得到最大化体现的产出

通货膨胀（inflation）：产品和服务的平均价格水平上涨

通货膨胀税（inflation tax）：由于通货膨胀导致货币余额的真实价值或购买力下降

通货膨胀溢价（inflation premium）：由于预期未来会有通货膨胀，人们为了早一些获得货币而愿意支付的额外费用，以每年的百分比计

内部消息（inside information）：一般公众无法得知的关于未来经济表现的有价值信息

资不抵债（insolvent）：资产价值低于负债价值的一种财务状况

业务内包（insourcing）：由本国工人提供原本由外国工人提供的服务

制度（institutions）：社会的基本规则、习俗和普通

机构间借款（interagency borrowings）：联邦政府的一个部门向另一个部门借款

利益集团（interest group）：具有共同目的的个人团体

中间产品（intermediate goods）：能够在现在或未来被消费者利用，但其本身并不提供直接使用价值的产品；通常在生产最终产品和服务的过程中被消耗掉

实物转移支付（in-kind transfers）：政府向个人以实物形式提供的货物或服务

投资（investment）：购置新的机器、厂房和其他资产以在未来生产更多的产品和服务

投资银行（investment bank）：帮助公司或市政当局出售股票或债券以获得融资的金融机构

安全投资（investment security）：违约风险较低的债务

劳动力（labor force）：已经有工作岗位或正在寻找工作的 16 周岁以上的有劳动能力的人

劳动力供给曲线（labor supply curve）：显示在不同工资水平上劳动力供给量的图示

需求定律（law of demand）：商品的价格和需求量之间反向变动的关系，即价格越低，需求量越大；价格越高，需求量越小

负债/义务（liabilities）：所欠款项；由机构所有者以外的人对某一机构或个人依法主张的权利

税收漏洞（loophole）：通过免税规定使一小部分受益者能够享受低税率优惠的行为

宏观问题经济学（第五版）

一次性退税（lump sum tax rebates）：政府向纳税人支付的不受纳税人收入影响的固定额度的现金

委任状（mandates）：政府要求下级政府、个人、企业提供资金以达成政府目标的法律或法规

差额（margin）：增量或减量

边际税率（marginal tax rates）：赚得的最后一美元钱中需付税款所占的百分比

按市价调整（mark to market）：资产的账面价值根据其当前市场价值（的估计值）而不是购买价格或到期价值来进行调整的一种会计行为

中位数年龄（median age）：划分人口中年轻人和年长者的年龄

中位数收入（median income）：划分低收入人群和高收入人群的收入

医疗补助计划（Medicaid）：联邦政府与各州共同向低收入者提供的医疗保险

医疗保险（Medicare）：联邦政府向 65 岁以上老人提供的医疗保险

交换媒介（medium of exchange）：卖方通常会作为支付款项而接受的任何资产

重商主义者（mercantilists）：相信重商主义学说的人，他们认为出口能够积累黄金，因而是国际贸易的主要目的

微观经济学（microeconomics）：对消费者和企业的决策以及所产生的市场均衡进行的研究

最低工资（minimum wage）：劳动者在法定工作时间内提供了正常劳动的前提下，其雇主支付的最低金额的劳动报酬

货币政策（monetary policy）：通过改变流通中的货币量来影响利率、信贷市场、通货膨胀（或通货紧缩）和失业的政策

货币供应量（money supply）：公众手中可以随时兑现的存款或货币的金额

道德风险（moral hazard）：实体免于风险时的行为与完全受风险影响时截然不同的倾向

抵押贷款支持证券（mortgage-backed security（MBS））：以房产抵押作为担保的债务责任

抵押贷款（mortgages）：为购房而借的债务，一旦未能偿还债务，房产即可被债权人出售，以出售所得款支付债务

国债（national debt）：一段时期内联邦政府的支出一直大于税收；联邦政府担负的全部明确的债务

自然资源禀赋（natural resource endowments）：可用来生产产品和服务的自然存在的矿产（如石油和铁矿）和生物（如森林和渔业资源）的总称

负税（negative tax）：根据个人的收入，由政府向个人支付的款项

净公共债务（net public debt）：政府发行的除政府外由公众占有的公债的比例

净值（net worth）：资产大于负债的额外部分

名义收入（nominal income）：以美元等货币单位表示的收入

名义利率（nominal interest rate）：人们为了早一些获得货币而愿意支付的额外费用，以每年的百分比计

名义价格（nominal prices）：以美元或欧元等货币为单位表示的产品的交换价值

正常品（normal good）：当人们收入或财富增长时会增加对其需求的产品

官方有记录的经济（official，reported economy）：支付税款、遵守法规、提交所需文件资料的商务交易

公开市场（open market）：美国财政部有价证券的销售市场

机会成本（opportunity cost）：为了获得某一事物而必须放弃的仅次于最佳选择的事物的价值

业务外包（outsourcing）：由另一国家的劳动力来从事原本由本国工人完成的服务业工作

现收现付模式（pay-as-you-go system）：用当前的现金流入来支付当前的现金流出的方案

工资税（payroll taxes）：专门针对劳动所得征收的税款，通常会因为参与社会保险等项目而得到部分减免

人均收入（per capita income）：国内生产总值（GDP）除以人口

人均实际纯公债（per capital real net public debt）：纯公共债务根

据价格水平进行调整后，再除以人口数

完全无弹性（perfectly inelastic）：弹性（反应程度）为零

长期收入（permanent income）：一个人在较长一段时期内将会获得的持续的或者平均的收入水平

有形资本（physical capital）：有形资产的产出能力，例如楼房

价格控制（price controls）：政府对企业提供的产品或服务可能设定的价格进行控制

价格水平（price level）：对于一定数量的产品和服务，本年度的平均价格与基年的平均价格的比较

生产力（productivity）：每单位投入的产出

利润（profit）：成本和收益的差额

累进税制（progressive tax system）：当收入增加时，所收税款占收入的比例也在增加的一套规则

财产和契约权利（property and contract rights）：规范财产的使用和交易以及个人或公司之间签订有效协议的法律规定

比例税制（proportional tax system）：无论收入如何变化都按照收入的一定比例征收税款的一套规则

保护主义（protectionism）：利用高额关税和配额等贸易限制来限制进口，从而推动本国产业发展的经济政策

保护主义者（protectionist）：阻止外国的个人或公司与本国竞争的人

公债（public debt）：政府欠债权人的款项

购买力（purchasing power）：用一定金额的货币可以购买到的产品和服务数量的衡量尺度

购买力平价（purchasing power parity（PPP））：不同货币的相对价格必须反映其在本国的购买力的规则

量化宽松（quantitative easing（QE））：美联储为增加总需求而购买各种金融资产的政策

配额（quota）：对进口产品的数量实施的限制；通常用来减少进口以保护与进口产品存在竞争关系的国内产业的经济利益

实际国内生产总值（real gross domestic product（real GDP））：根

据通货膨胀率进行调整后的国内新生产的最终产品和服务的货币价值

实际收入（real income）：根据通货膨胀率进行调整后的收入；或者说，用产品和服务来表示的收入

实际利率（real interest rate）：人们为了早一些获得产品而愿意支付的额外费用，以每年的百分比计

实际人均收入（人均实际国内生产总值）（real per capita income（real GDP per capita））：根据通货膨胀率进行调整后的国内生产总值除以人口——衡量人均占有国内新生产的最终产品和服务的指标

实际价格（real prices）：根据通货膨胀率进行调整后的产品或服务的价格；或者说，用其他产品和服务来表示的产品或服务的价格；参见相对价格

实际购买力（real purchasing power）：用一项资产可以换取的产品和服务的数量，这一资产的价值在账面上以货币单位来表示（如美元）

实际税率（real tax rate）：政府控制下的占GDP一定份额的部分

实际工资（real wages）：根据价格水平调整后的工资

衰退（recession）：整个经济活动水平的低迷

渐退式税收体系（regressive tax system）：当收入增加时，所收税款占收入的比例减少的一套规则

相对价格（relative prices）：产品和服务相对于其他产品和服务的价格；用其他商品来表示的产品和服务的价格

法定准备金（required reserves）：商业银行必须依法保留的资金；可以以备用现金或中央银行存款的形式存在

准备金（reserves）：为满足客户的交易需要和中央银行的法律规定，由存款机构以流通货币的形式持有或者以无息存款的形式存在中央银行的资产

资源（resources）：能够满足人们的需要或偏好，或能够转化为这类产品的物品

显性偏好（revealed preferences）：消费者做出的选择所显示出的品味

法治（rule of law）：个人、企业、政府之间的关系都受到适用于社会上每个人的公开规则约束的准则

宏观问题经济学（第五版）

储蓄（save）：将暂时不用的货币收入存入银行或其他金融机构的一种存款活动

存款（saving）：财富的一部分，通常用个人可支配收入减去消费得出

储蓄（savings）：某个人在某一特定时间拥有的财富存量

稀缺（scarcity）：世界上的资源有限但需求无限的一种状态，这意味着我们必须在多种选项中做出选择

证券化（securitized）：将能够产生现金流的资产聚集起来并转化为有价证券出售给投资者

股份（share of stock）：有权获得某一公司一定比例的未来纯现金流（或利润）的凭证

股东（shareholders）：公司股票的所有者

社会保障制度（Social Security）：将当前劳动者的收入转化为退休人员的收入的联邦体系

有偿付能力（solvent）：描述资产大于负债的一种财务状况

生活水平（standards of living）：人均物质福利水平的总体描述，通常用人均实际 GDP 衡量

静态经济分析（static economic analysis）：假设人们在激励发生变化时不改变行为方式的一种分析模式

库存（stock）：某一特定时间测量出的数量

股票经纪人（stock broker）：向个人出售股票的中间人

次级抵押贷款（subprime mortgage）：使贷款人承担较大损失风险的抵押贷款

补助（subsidies）：政府为某种特殊产品的生产而支付的款项，通常是为了提高生产这类产品的企业的利润

供给（supply）：销售产品的意愿和能力

系统风险（systemic risk）：整个经济体都能感受到或经历的风险

关税（tariff）：对进口产品征收的税；通常用来减少进口以保护与进口产品存在竞争关系的国内产业的经济利益

税级（tax bracket）：适用于某一边际税率的收入范围

税收减免（tax credit）：由某些特定条件引起的，与纳税人的税级

无关的，对纳税责任的直接减免

逃税（tax evasion）：通过做假账等方式故意避免缴税

税务负担（tax liability）：企业或个人缴纳税金的总体责任

税率（tax rate）：每一美元收入中必须缴纳的税款所占的比例

退税（tax rebate）：归还已经缴付的部分税金

第三方（third party）：在医疗保险的背景下，第三方是指既不是被保险人，也不是在交易中负有经济义务的服务提供者；通常是指保险公司或政府

贸易壁垒（trade barrier）：一个国家作出的提高外国企业在该国销售产品的成本的法律规定

贸易赤字（trade deficit）：进口产品和服务的价值大于出口产品和服务的价值

贸易盈余（trade surplus）：出口产品和服务的价值大于进口产品和服务的价值

国库券（Treasury bills）：美国政府的短期债券

地下经济（underground economy）：逃避税收和法规的商业交易

失业救济（unemployment benefits）：定期向失业人员支付的现金

失业率（unemployment rate）：正在求职并有工作能力的人口数量除以劳动人口数量

养老金储备不足（unfunded pension liabilities）：依据合同有义务向退休人员提供补贴，但因缺乏足够资产无法保障这一义务的履行

无资金准备的纳税人负债（unfunded taxpayer liabilities）：在没有发行特定债务证券时纳税人的义务

代金券（voucher）：可以兑换现金或服务的一种书面凭证

财富（wealth）：所有当前和未来收入的现值

财产税（wealth tax）：对个人财富净值征收的税

世界贸易组织（World Trade Organization（WTO））：由 150 多个国家和地区组成，帮助成员减少贸易壁垒、处理各成员间国际贸易争端的组织

注销（write off）：宣布无效

图书在版编目（CIP）数据

宏观问题经济学/米勒，本杰明著；李季等译 . —北京：中国人民大学出版社，2014.1
（经济学通识教育译丛）
ISBN 978-7-300-18410-4

Ⅰ．①宏…　Ⅱ．①米…　②本…　③李…　Ⅲ．①宏观经济学　Ⅳ．①F015

中国版本图书馆 CIP 数据核字（2013）第 299832 号

经济学通识教育译丛

宏观问题经济学（第五版）

罗杰·勒罗伊·米勒　丹尼尔·K·本杰明　著
李　季　王欣双　方　颢　译
吕　炜　审校
Hongguan Wenti Jingjixue

出版发行	中国人民大学出版社			
社　址	北京中关村大街 31 号		**邮政编码**	100080
电　话	010 - 62511242（总编室）		010 - 62511770（质管部）	
	010 - 82501766（邮购部）		010 - 62514148（门市部）	
	010 - 62515195（发行公司）		010 - 62515275（盗版举报）	
网　址	http://www.crup.com.cn			
	http://www.ttrnet.com（人大教研网）			
经　销	新华书店			
印　刷	北京东方圣雅印刷有限公司			
规　格	155 mm×230 mm　16 开本		**版　次**	2014 年 3 月第 1 版
印　张	12.5 插页 1		**印　次**	2014 年 3 月第 1 次印刷
字　数	175 000		**定　价**	32.00 元

PEARSON   ALWAYS LEARNING

为了确保您及时有效地申请培生整体教学资源，请您务必完整填写如下表格，加盖学院的公章后传真给我们，我们将会在 2—3 个工作日内为您处理。

需要申请的资源（请在您需要的项目后划"√"）：

☐ 教师手册、PPT、题库、试卷生成器等常规教辅资源

☐ MyLab 学科在线教学作业系统

☐ CourseConnect 整体教学方案解决平台

请填写所需教辅的开课信息：

采用教材				☐ 中文版　☐ 英文版　☐ 双语版	
作　者			出版社		
版　次			ISBN		
课程时间	始于　　年　月　日		学生人数		
	止于　　年　月　日		学生年级	☐ 专科　　　☐ 本科 1/2 年级 ☐ 研究生　　☐ 本科 3/4 年级	

请填写您的个人信息：

学　校			
院系/专业			
姓　名		职　称	☐助教 ☐讲师 ☐副教授 ☐教授
通信地址/邮编			
手　机		电　话	
传　真			
official email（必填）(eg：×××@ruc. edu. cn)		email (eg：×××@163. com)	
是否愿意接受我们定期的新书讯息通知：　☐ 是　☐ 否			

系/院主任：_____（签字）

（系 / 院办公室章）

_____年___月___日

100013　北京市东城区北三环东路 36 号环球贸易中心 D 座 1208 室

电话：(8610) 57355169

传真：(8610) 58257961

Please send this form to：Service. CN@pearson. com

Website：www. pearsonhighered. com/educator